Wie geht's uns denn heute?

Sie weiß, wie man zwei afghanischen Frauen mit Handzeichen erklärt, dass Tollkirschen nicht unbedingt das beste Mittel gegen Wechseljahrbeschwerden sind. Was man tun muss, um den emeritierten Professor davon zu überzeugen, dass die Internistin Ende zwanzig tatsächlich weisungsbefugt ist. Oder mit welchen Worten man sich Hallodris vom Hals hält, die einen mit »süßes Schwesterchen« anreden.

Karla Brandt hat Menschen aus allen möglichen Kulturkreisen, Lebensabschnitten und Gehaltsklassen nackt gesehen, physisch wie psychisch. Im Angesicht von Krankheit und Tod zählen andere Dinge als Hautfarbe, Bruttoeinkommen oder hübsches Aussehen.

Karla Brandt, geboren 1973, kümmerte sich als Kind aufopferungsvoll um tote Vögel. Nach etlichen Praktika und einem erfolgreich abgebrochenen Studium fand sie ihre Bestimmung als Krankenschwester. Seit neun Jahren arbeitet die Rheinländerin auf der Intensivstation eines großen Krankenhauses.

Karla Brandt

Schwester, bleibt mein Arm so?

Geschichten von der Intensivstation

DUMONT

Für Marcel und Fabienne.
Und für MQ,
weil er so ein gutes Timing hat.

Originalausgabe
März 2015
DuMont Buchverlag, Köln
Alle Rechte vorbehalten
© 2015 DuMont Buchverlag, Köln
Umschlaggestaltung: Lübbeke Naumann Thoben, Köln
Umschlagabbildung: © Volker Kischkel, Bremen
Gesetzt aus der Dante und der Arbitrary
Gedruckt auf säurefreiem und chlorfrei gebleichtem Papier
Druck und Verarbeitung: CPI books GmbH, Leck
Printed in Germany
ISBN 978-3-8321-6281-8
www.dumont-buchverlag.de

Inhalt

Einleitung – Warum ich Krankenschwester auf der Intensivstation wurde

Mit ausgebreiteten Armen läuft das fünfjährige Mädchen im Kreis um die kleinen Holzkreuze des Tierfriedhofs herum und schreit immer wieder: »Ich werde Feuerwehrmann!«

Ob ihr mal jemand sagen sollte, dass sie in diesem Leben kein Mann mehr wird? Zumindest nicht ohne immensen medizinischen Aufwand? Und dass man sich auf einem Friedhof gefälligst würdevoll benimmt, selbst wenn dort nur Distelfinken und Spitzmäuse ihre letzte Ruhe gefunden haben? Und warum sieht der kleine Lockenkopf eigentlich einen Zusammenhang zwischen Feuerwehrmann und Segelfliegen? Ja, ist denn hier kein Erziehungsberechtigter anwesend?

Das fünfjährige Mädchen bin ich. Gerade formuliere ich zum ersten Mal entschlossen einen Berufswunsch. Die Idee und Leidenschaft habe ich meinem großen Vorbild abgeguckt: Grisu, der kleine Drache – eine Zeichentrickfigur mit klaren Karrierevorstellungen.

Obwohl ich es mehrmals täglich laut und unmissverständlich zu verstehen gab – meine Eltern trauten meinem Feuerwehrmannplan nicht. Nicht nur, weil sie mich aufgrund von unschönen Szenen im Badezimmer für wasserscheu hielten. Die beiden Dickschädel hatten sich in den Kopf gesetzt, dass ich Tierärztin werden würde. Keine Ahnung, wie sie darauf kamen. Bei den Tieren, mit denen ich Umgang pflegte, gab es eindeutig nichts mehr zu verarzten. Beinahe täglich brachte ich tote Vögel und Mäuse und Igel mit nach Hause und beerdigte die niedlichen Kadaver in sorgsam bemalten Pappschachteln. Ich bastelte Mini-Kreuze aus Zweigen und steckte Gänseblümchen zu Grabkränzen zusammen und verwandelte so eine Ecke unseres Gartens in den Friedhof der Kuscheltiere. Alles deutete eigentlich darauf hin, dass ich einmal im Bestattungswesen tätig werden würde.

Doch schnelllebig sind die Schrullen der Kinderzeit. Vom Feuerwehrmann bzw. Bestatter sattelte ich um auf Polizist, von Polizist auf Delphintrainerin, und von da war es nur ein Katzensprung zur Meeresbiologin. Und schließlich fand ich mich unvermittelt mit etlichen anderen verhinderten Delphintrainerinnen und Meeresbiologen in einem Germanistikstudium wieder. Immerhin las ich gerne Romane. Abgesehen davon studierte ich nicht, weil ich einen klaren Plan für meine Zukunft hatte. Ich studierte, weil ich eben keinen klaren Plan hatte. Als planlos muss auch meine erste Hausarbeit eingestuft werden, in der ich so entschlossen wie ungefragt die These vertrat, dass Sprache aus dem Bedürfnis entstanden ist, Musik zu machen. Die Arbeit bekam ein unmusikalisches »befriedigend« und bald verstand ich, dass meine Meinungen und Leistungen an der Uni niemanden interessierten. Toll: Erst lassen sie dich dreizehn Klassen lang unliebsamen Quatsch auswendig lernen und treiben dir jedes persönliche Interesse aus und dann sollst du plötzlich aus eigenem Antrieb mit großer Leidenschaft deinem persönlichen Interesse folgen, ohne dass das so richtig kontrolliert wird.

Na ja, so eine gesellschaftskritische Betrachtung liest sich zumindest allemal besser als: Ich hatte den Kopf voll Kraut und Rüben, fand es schwierig meinen Studientag zu strukturieren und war ohnehin mehr damit beschäftigt, meinen Lebensunterhalt zu finanzieren und meine noch immer nicht ganz abgeschlossene Pubertät zu meistern.

In der Schule war ich in der Regel ohne aufwendiges Lernen ausgekommen. Die Hausaufgaben hatte ich, wenn überhaupt, oft kurz vor Unterrichtsbeginn oder in den Fünf-Minuten-Pausen vor dem jeweiligen Fach erledigt, also irgendwo abgeschrieben. Diese Kindereien ergaben im Studium keinen Sinn, und irgendwann sah ich es ein: In sauerstoffarmen Hörsälen emotionsgebremsten Nicht-Pädagogen dabei zuzuhören, wie sie aus jahrzehntealten Manuskripten über den regelhaften Lautwandel im Bereich des Konsonantismus vorlasen – das fetzte für mich nicht so richtig. Nach drei Semestern mutierte ich zur Karteileiche und nach fünf ließ ich mich exmatrikulieren.

Aber wie sollte es jetzt weitergehen? Konnte ich nicht noch schnell eine berühmte Sängerin oder Schauspielerin werden und dann mit siebenundzwanzig unter tragischen und nie ganz geklärten Umständen abdanken? Das hätte Glamour gehabt, und ich wäre in den Club siebenundzwanzig eingetreten, in dem Größen wie Janis Joplin, Jim Morrison oder Amy Winehouse Mitglieder sind. Andererseits war diese Idee totaler Schwachsinn. Nur weil man mal vorübergehend nicht weiß, was man mit seinem Leben anfangen soll, muss man es ja nicht gleich frühzeitig beenden. Schließlich gab es eine enorm attraktive Alternative zu rauschhaften Rockkonzerten, Blitzlichtgewittern, wilden Partys, Luxuslimousinen, zerstörten Hotelzimmern und einem Abgang als junge Göttin: einfach mal ein Praktikum machen. Also versuchte ich mich in verschiedenen Praktika: Kindergärtnerin – jubelnde Massen und immerhin was mit Menschen, Tontechnikerin – da hallte der Rockstarwunsch noch leise nach, Schreinerin – jetzt mal was mit Holz, PR-Beraterin – was mit Hochglanzbroschüren und wunderschönen Floskeln.

Während dieser verschiedenen Tätigkeiten wurde mir klar: Ich wollte einen Beruf, den ich als sinnvoll empfand, der mich herausforderte und bei dem ich in einem Team arbeiten konnte. Ich wollte keinen Beruf, der mich dazu nötigte, stundenlang auf zu kleinen Stühlen zu hocken und mit schrill quiekenden Zwergen Lieder über zehn Finger oder die Puthenne Widewidewenne zu singen. Ich wollte auch nicht den ganzen Tag in schallisolierten Kabinen sitzen und fünfzigmal die gleichen zehn Sekunden Gangster-Rap eines hübsch frisierten Teenagers aus dem Villenviertel hören, dem die Eltern zum Geburtstag eine CD-Aufnahme geschenkt haben. Und erst recht wollte ich mich nicht mutterseelenallein an einer Drechselmaschine verstümmeln oder potentiellen Kunden erklären, wie sie beim Bescheißen ihrer eigenen Kunden glitzern und glänzen, während ich versuche, beim Bescheißen dieser potentiellen Kunden zu glitzern und zu glänzen.

Während meiner Praktika-Serie wohnte ich in einer Zweck-WG, die aus vier Zimmern und einem winzigen Bad bestand. Jedes Zimmer hatte ein Waschbecken und einen Kühlschrank und wurde einzeln vermietet. Mit diesem gewitzten Kniff kam der Vermieter vermutlich zu höheren Einnahmen und erzeugte für uns Bewohner das interessante Gefühl, in einem Motel zu wohnen, und zwar in einem von der Sorte, wie wir sie aus skandinavischen Arthouse-Dramen und amerikanischen Psychothrillern kennen.

Menschen kamen und gingen. Manche grunzten mir nur einmal im Zwielicht des Flurs ihren Namen zu und zogen ein paar Wochen später schon wieder aus. Inmitten des undurchsichtigen Kommens und Gehens gehörte ich bald mit anderthalb Jahren Verweildauer zu den Alteingesessenen. Immer wieder nahm ich mir vor, mich nach einer behaglicheren Unterkunft umzusehen, doch das Psycho-Motel entzog mir zunehmend die Energie. Je mehr mir die Bude zum Hals raushing, desto weniger fand ich die Kraft, ihr den Rücken zu kehren. Ein Teufelskreis, der allerdings sein Gutes hatte. Eines Tages stand nämlich Michael in abgeschabter Lederkombi und mit schwarzem Motorradhelm unter dem Arm vor der Wohnungstür. Seine große Nase war vom Fahrtwind gerötet und ragte über ein Grinsen, das vom Freundlichen schon fast ins Unverschämte spielte. Ich ahnte: Das war endlich ein Mitbewohner nach meinem Geschmack. Und ich behielt recht.

Michael und ich gründeten mitten im Psycho-Motel eine echte Wohngemeinschaft. Ich freute mich, wenn er an meiner Tür klopfte und fragte, ob ich was von seiner Reispfanne haben wollte, selbst wenn ich sie dann erst noch für uns kochen musste. Wir erzählten uns Geschichten, schmiedeten Pläne und sangen. Einmal dichteten wir ein Lied für die unter uns wohnende Nachbarin. Frau Brück klopfte bei jeder Gelegenheit mit dem Besenstiel an die Decke, zum Beispiel sobald man auch nur einen Akkord auf der Gitarre spielte. Das Lied begann so:

Hallo, wie ich hörte, mögen Sie Musik
Und so schrieb ich nur für Sie dieses kleine Lied.
Ich weiß nicht, wie Sie ausseh'n,
doch wie Ihr Besen klingt,
und der groovt echt einmalig und klopft lässig und beschwingt.

Wir machten aber nicht nur Quatsch und Musik, sondern führten auch Gespräche über unsere Lebensplanungen – ein wiederkehrendes Thema im wenig konkreten Konjunktiv. Bis dann eines Tages Michael einen Entschluss getroffen hatte: »Ich werde Krankenschwester!«

Kurz darauf manifestierten sich in seinem kleinen Zimmer Anatomie-Poster und medizinische Fachbücher voller Kurzbeschreibungen von Krankheitsbildern und chirurgischen Behandlungsmethoden. Das fand ich mindestens so spannend wie die toten Vögel aus seligen Kindertagen, für die mein Interesse mittlerweile merklich abgeflaut war.

Michael erzählte mir von den Erlebnissen in seiner Ausbildung, zum Beispiel von einer folgenschweren Entscheidung der Krankenhaus-Verwaltung. Mit dem eisernen Vorsatz, dem Krankenhaus ein moderneres Flair zu geben und den Pflegekräften Arbeitserleichterung zu verschaffen, wurden neumodische, vollelektrische Patientenbetten gekauft, gleich fünfzehn Stück. Große Freude, als die prächtigen Betten angeliefert wurden. Böse Vorahnung, als sich rausstellte, dass sie zehn Zentimeter breiter waren als die alten, mechanischen Modelle. Niederschmetternde Ernüchterung, als die verflixten Dinger trotz wütendem Quetschen nicht in die Aufzüge passten. So wurde das Erdgeschoss zum Bettenlager und Michael räsonierte über einen großen Räumungsverkauf, der sein karges Gehalt aufbessern sollte.

Oder die Geschichte von der fünfundvierzigjährigen karnevalsbegeisterten Krebspatientin, die ihren letzten Rosenmontag auf Michaels Station verbrachte. Als der Chefarzt zur Visite kam, lag sie als Nonne verkleidet in ihrem Bett. Das verwirrte Ärzteteam blätterte in den Akten. Die Rheinländerin strahlte übers ganze Gesicht. Mit leuchtenden Augen segnete sie die Ärzte und wollte den Stationsarzt »bützen«, was im Rheinland »küssen« heißt und in der Karnevalszeit unter Brauchtumspflege fällt. Eine Woche später starb sie.

Es waren die abwechslungsreichen Geschichten – mal lustig, mal traurig, mal spannend, mal grotesk –, die mir ein Leben als Krankenschwester immer interessanter erscheinen ließen. Und ja, ich gebe zu, ich habe eine »soziale Ader« oder wie man diese für Krankenschwestern nicht untypische Mischung aus echter Empathie und Selbstablenkungsmanöver auch immer nennen mag. Wer Grabkränze für zermatschte Blaumeisen bindet, der hilft nachher auch ehrenamtlich bei der Hausaufgabenbetreuung, wird Klassensprecherin und sagt irgendwann nach drei Gläsern Rotwein ganz ernst zu seinem Mitbewohner: »Nee, ich habe keinerlei Berührungsängste, nur weil ein Mensch gehörlos, blind, spastisch gelähmt oder sonst irgendwie anders ist. Ich bin ja selbst anders. Alle sind ja irgendwie anders als alle anderen.«

Mein nächstes Praktikum machte ich also auf einer urologischen Station. So konnte ich direkt feststellen, ob ich mich in meinem zukünftigen Beruf nicht doch zu sehr schämen, ekeln oder überfordert fühlen würde. Als ich zum allerersten Mal die Station betrat, sah ich einen ungepflegt wirkenden, grauhaarigen Mann mit nikotingelbem Schnurrbart in grüner Kleidung und mit ebenso grünen Gummistiefeln aus einer Tür herauskommen und in den Flur staksen. Müde schlurfte er davon, ohne mich zu beachten. Gruselig – ein Verrückter! Vielleicht handelte es sich um einen Patienten, der nicht nur untenrum Probleme hatte; vielleicht auch um einen übergeschnappten Gärtner, der mit drei Ave Maria und irrem Gelächter die etwas schlapp wirkenden Grünpflanzen im Flur aufpäppeln wollte.

Ein paar Minuten später wurde ich der Erscheinung vorgestellt: Herr Doktor Prössel, der Oberarzt persönlich. Nun gut, dachte ich, manche Uni-Professoren hatten auch ausgesehen wie Wahnsinnige, doch warum trägt der Mann Gummistiefel? Waren die Dinger das kauzig-modische Accessoire eines ergrauten Hipsters oder… Meine Phantasie bescherte mir einige unschöne Bilder.

Heute weiß ich: Gummistiefel sind in einem urologischen OP eine durchaus pragmatische Wahl. Literweise blutig gefärbte Spüllösungen aus Urinkatheter-Beuteln ablassen. Kleine Kompressenschleifchen an eben einem solchen Katheter anbringen, der aus der Harnröhre eines Siebzigjährigen ragt, damit er sich nicht die Eichel wundscheuert. Einer Fünfundsechzigährigen von kompaktem Format bei der Körperpflege helfen, wobei die Dame aufgrund eines Antibiotikums einen raumgreifenden Genitalpilz und obendrein Durchfall hat – all das hätte eigentlich reichen müssen, um mich doch noch auf Bürokauffrau oder E-Plus-Beraterin umschwenken zu lassen.

Niemand, der noch alle Murmeln im Beutel hat, reißt sich darum, Scheiße von Hintern in den unterschiedlichsten Stadien des Verfalls zu wischen oder röchelnden Greisen Katheter in die Harnröhre zu schieben. Aber – und das kann vermutlich nur nachvollziehen, wer auf diese Weise gearbeitet hat – der Kontakt mit dem prallen Leben, gerade auch in seinen weniger glamourösen Formen, hat etwas Erfüllendes. Der Umgang mit Menschen, die wirklich Hilfe brauchen, schüttet bei mir erfrischende Endorphine aus. Soll ich hingegen »potentiellen Kunden« einen neuen Mobilfunkvertrag andrehen, fühle ich mich nach wenigen Stunden einfach nur ausgelaugt. Es ist ein großer Unterschied, ob man sich zum Feierabend erschöpft und zufrieden oder verbraucht und leer fühlt.

In den wenigen Wochen auf der Urologie sah ich die unterschiedlichsten Leute. Herr Kühn beschwerte sich wortreich über das Schnarchen seines Zimmernachbarn Herrn Totte und sägte dabei selbst noch viel derber.

Herr Totte wollte, dass ich ihm die weißen Fädchen von einer Mittags-Mandarine zupfte, angeblich, weil seine Hände zitterten.

Beim hilfsbereiten Zupfen merkte ich, dass der alte Mann selig auf meinen Busen starrte.

Herr Grabow bedankte sich mit Tränen in den Augen, weil wir uns so »toll um ihn kümmern« würden; am liebsten würde er für immer bei uns bleiben. Als er seine Lobeshymne zum dritten Mal wiederholte, dachte ich, dass mich der alte Silberfuchs nach Strich und Faden verarschte. Erst später verstand ich, dass man ihm einen Nierenstein entfernt hatte und er zum ersten Mal seit Jahren einen Tag ohne Schmerzen erlebte.

Abgesehen von den unterschiedlichsten lebenden Exemplaren der menschlichen Spezies sah ich im Praktikum auch meinen ersten Toten. Ich hatte bei einer Dienstbesprechung nicht richtig zugehört und marschierte deshalb an einem sonnigen Montagmorgen gut gelaunt ins Zimmer 121. Ich wunderte mich etwas, weil nur noch ein Bett im Zimmer stand, rief ein aufmunterndes »Guten Morgen, Herr Pohl« und stellte das Frühstückstablett ab.

»Na«, sagte ich, etwas verblüfft darüber, dass sich der Greis nicht rührte, »dann lassen wir erst mal etwas Sonne rein!« Ich ging zum Fenster, zog den Vorhang zur Seite und hatte den Eindruck, dass dieses Aufziehen des Vorhangs sehr laut klang, weil es im Zimmer sehr, sehr leise war.

Es fällt einem nicht auf, wie viele Geräusche ein Mensch selbst dann macht, wenn er einfach nur ruhig in seinem Bett liegt. Aber man bemerkt sofort, wie still es ist, wenn diese Geräusche fehlen. Kein Atmen, kein Magengrummeln, kein Schlucken. Vielleicht auch das Fehlen der Geräusche, die eigentlich nicht zu hören sind: das Rauschen des Blutes, das Klopfen des Herzens. Ich hielt inne und lauschte und hörte überlaut nichts.

»Herr Pohl?«, fragte ich etwas zaghafter. Dann ging ich an sein Bett und besah mir den Patienten. Blass war er ja schon immer gewesen, aber jetzt spielte seine Hautfarbe in ein überirdisches Weiß. Auch hatten sich seine Gesichtszüge verändert: Ruhig, würdevoll, wie in Stein gemeißelt. Vor Schreck stellte ich eine saudumme Frage: »Herr Pohl, sind Sie tot?«

Hätte man mir ein Jahr vor dem Praktikum gesagt, dass ich, anstatt um 4.45 Uhr ins Bett zu torkeln, mich bald um 4.45 Uhr aus dem Bett wuchten würde, um dann ab 6.00 Uhr auf das Wohl und Weh mir völlig fremder Menschen zu achten – ich hätte gelacht. Jetzt lachte ich stattdessen mit den Krankenschwestern der urologischen Abteilung.

Es handelte sich tatsächlich nur um Schwestern, Krankenbrüder gab es auf der urologischen Station nicht. Auch auf der gynäkologischen Station arbeiteten in der Pflege nur Frauen und es gab auch eine Begründung dafür: Manchen Patientinnen wären männliche Pfleger sicher unangenehm. Auf der urologischen Station lagen zu 85 Prozent Männer, denen ein reines Frauenteam offensichtlich nicht unangenehm war. Vermutlich hätten viele es »schwul« gefunden, sich von einem Mann anfassen zu lassen, während aus der Gynäkologie nichts von etwaigen Lesbenängsten zu hören war. Um sich in dieser verwirrenden Logik zurechtzufinden, ist es hilfreich, einen klaren Standpunkt zu formulieren: Im Intimbereich rumfummeln ist seit der Steinzeit Frauensache. Das ist wie mit dem Putzen: Mit unseren zarten und kleinen Händen kommen wir einfach besser in die entlegenen Ecken. Und wer hat uns im Kleinkindalter Pillermann oder Mumu gewaschen? Eben – die Mutti!

Zumindest hatte ich meine Freude mit den Mädels. Sogar die grundmürrische Sabine zeigte die Vorstufe eines Lächelns, als ich ihr das Buch *Warum Katzen malen* in die Hand drückte. Bei den anderen stellte sich der Frohsinn in der Regel auch ohne solche Maßnahmen ein. Ernsthaft: Das Team dieser urologischen Station war mein Glück, denn es erleichterte mir meine Entscheidung. Ich stand kurz davor, mit ausgebreiteten Armen im Zimmer meines Mitbewohners im Kreis zu laufen und zu rufen: »Ich werde Krankenschwester!« Aber ich war ja keine fünf mehr, sondern vierundzwanzig. Also begnügte ich mich damit, es ihm mehrmals am Tag ins Ohr zu brüllen.

Kurz darauf bewarb ich mich um eine Ausbildungsstelle an einem Krankenhaus in meiner Stadt. Als ich zum Vorstellungsgespräch kam, hatte die Frau, die vor mir saß, die gleiche Weste an wie ich. Während ich noch überlegte, ob sich das nun gut oder schlecht auswirken würde, fragte ihre Kollegin munter drauflos: »Warum wollen Sie Krankenschwester werden? – Sie haben ja bisher nichts zu Ende gemacht, meinen Sie denn, diese Ausbildung halten Sie durch? – Sie sind ja deutlich älter als Ihre Mitbewerberinnen, warum finden sie erst jetzt zu uns?«

Ich antwortete ehrlich. Die zweite Hälfte des Bewerbungsgesprächs drehte sich dann erstaunlich ausführlich um meinen sechsmonatigen Australienaufenthalt, den ich nach dem Abitur gemacht hatte. Die Frau mit der Weste war auch einmal ein halbes Jahr in Australien gewesen. Keine zwei Wochen später bekam ich die Zusage.

1 Panflöten und Monsterkinder –
Die Ausbildung zur Krankenschwester

Ich liege in einem gut geheizten Raum auf einer brombeerfarbenen Isomatte und starre an eine schräge Nut- und Federwand. Das Haus, in dem sich dieser Raum befindet, heißt Sankt Florian und sieht auch so aus, als ob es einen Schutzheiligen gegen Feuer gebrauchen könnte: es besteht zu großen Teilen aus Holz. Um mich herum liegen noch zwanzig andere Personen. Sie wirken allesamt entspannter als ich. Selbst die drei nah beieinanderliegenden siebenzehnjährigen Mädchen haben aufgehört zu flüstern und zu kichern. Ich linse zu ihnen herüber: Glatte, süße Gesichter. Geschlossene Augen. Warum muss ich ausgerechnet jetzt an Sarah-Kay-Bildchen denken? Und was zur Hölle mache ich hier eigentlich? Ach ja, ich werde Krankenschwester und das hier ist das Ethikseminar, im Moment zum Thema Empathie.

Die ruhige Stimme meiner Kursleiterin fordert noch mal freundlich, aber bestimmt auf, die Augen zu schließen. Untermalt wird die Ansage von sphärischen Panflöten-Klängen. Solche Sounds machen es mir nicht gerade leicht, mich zu entspannen. Ich verbinde sie mit Fußgängerzonen-Stress oder sogar Gefahr: Entweder geht gleich ein Indio mit dem Hut rum oder ein nach Patschuli müffelnder Mann mit geschmeidigen Bewegungen und halb erleuchteten Augen springt barfuß auf mich zu und will mich ganz spirituell befummeln, weil ihm das seine Göttin der Liebe gechannelt hat. Andererseits: Lehrjahre sind kein Wunschkonzert. Ich lasse also die

Flöten flöten und schließe die Augen, um die Traumreise zum Inneren Kind anzutreten.

»Stellen Sie sich eine kleine Gartentür vor«, sagt die Kursleiterin und ich stelle mir eine kleine Gartentür vor.

»Und jetzt treten Sie ein, mitten hinein in einen heiteren, lichten Garten.«

Ein heiterer Garten, denke ich. So einer mit kichernder Iris und ausgelassenen Stiefmütterchen. Alberne Amseln, witzige Würmer, lustiger Liebstöckel – alle voll gut drauf.

Ich habe zwar noch immer keine wirklich bequeme Position auf meiner Brombeermatte gefunden, aber ich gebe mir alle Mühe. Brombeeren, hm, Brombeeren. Ein wild rankendes, stachliges Brombeergestrüpp hakt sich an meinem Wollpulli fest und ich bin erst einmal damit beschäftigt, meinen Ärmel daraus zu befreien. Ich reiße mich los und stolpere weiter in dem sehr verwilderten Garten. In seiner Mitte ragt eine Vogeltränke aus dem Gras: Sie soll aussehen wie Jugendstil, ist aber in Siebzigerjahre-Beton gegossen. Wer denkt sich so etwas aus? Wer hat so einen schlechten Geschmack?

»Du gehst auf ein kleines Wesen zu, das du in dem Gartenhaus siehst.«

Gartenhaus? Was für ein Gartenhaus? Und warum werde ich plötzlich geduzt?

Während ich mir die gar nicht heiteren stacheligen Sträucher und die bescheuerte Vogeltränke zusammenphantasiert habe, ist die Reisegruppe wohl schon weitergegangen. Ich versuche den Anschluss zu finden, aber plötzlich ist der ganze »heitere« Garten in einem dichten Nebel verschwunden. Na, großartig. Während die anderen vermutlich gerade leckere Törtchen in einem lichtdurchfluteten Gartenhäuschen von einer grundgütigen Oma mit

Apfelwangen serviert bekommen, tappe ich hier durch den Nebel des Grauens. Zu allem Überfluss taucht daraus jetzt auch noch etwas Kantiges auf. Ah, zum Glück – das Gartenhäuschen. Es handelt sich zwar um eine windschiefe Hexenhütte aus Holz, aber die hat durchaus ihren Charme. Ich schaue durch ein verschmiertes Fenster und sehe einen lockigen Haarschopf, der hinter einer Tischkante auftaucht.

Aha, das Innere Kind, da isses ja. Jetzt bin ich ein bisschen aufgeregt und klopfe sachte gegen die Scheibe. Erschrecken will ich die süße Kleine nicht. Immerhin ist es unser erster bewusster Kontakt. Der Haarschopf steigt nach oben. Mein Inneres Kind richtet sich auf. Es wird größer. Ganz schön groß. Jetzt kann ich sein Gesicht sehen: Vollständig von schwarzen Haaren überwuchert, mit blutunterlaufenen Augen und einem absurd großen Maul. So sollten Kindergesichter nicht aussehen. Kinder sollten auch keine 1,90 Meter groß sein und Peter-Lustig-Latzhosen über filzigem Fell tragen. Immerhin lächelt das Wesen, als es mich durch die Scheibe sieht. Dabei kommen seine sehr spitzen und sehr gelben Zähne eindrucksvoll zum Vorschein.

»Und nun sprich das Kind einfach an. Begrüße es freundlich«, sagt unsere Reiseleiterin.

Ich winke zaghaft. Das Zottelwesen winkt zurück. Bisher läuft es doch gar nicht so schlecht. Dann zieht mein Gegenüber eine Panflöte aus seiner Hose und hält sie demonstrativ hoch. Ich nicke. Das haarige Etwas beißt mit Schwung in die Flöte und zerkaut das Instrument. Schließlich präsentiert es mir die eingespeichelten Holzreste auf seiner Zunge.

Tja, was macht man mit so einem Inneren Kind? Soll ich es loben oder tadeln? Soll ich es einfach in den Arm nehmen oder verständnisvoll ansehen und dann sagen: »Gut, aber du kannst deine

Gefühle sicher auch schon ausdrücken, ohne ein Holzblasinstrument zu zerkauen?« Vorausgesetzt, dass es sich bei dem Zottelvieh in Latzhosen überhaupt um mein Inneres Kind handelt.

Oha! Jetzt kommt es aus der Hüttentür geschlurft und bewegt sich grobmotorisch auf mich zu.

»Hallo«, sage ich. »Bist du mein Inneres Kind?«

Das Wesen gibt ein Geräusch von sich, das halb wie ein Schnorcheln und halb wie ein Knurren klingt. Unsere Kursleiterin sagt etwas, aber ich kann sie nicht verstehen, weil dieses schnorchelnde Knurren meine Aufmerksamkeit vollständig in Beschlag nimmt.

»Jetzt öffnen Sie bitte wieder die Augen«, schlägt die Stimme der Kursleiterin nun doch eine Schneise durch das gutturale Geräusch. Jetzt bin ich also wieder eine »Sie« und auf jeden Fall verwirrter als vorher. Vor allem, weil das Knurren noch immer nicht aufhört. Ich höre es ganz deutlich in meinem rechten Ohr. Vorsichtig drehe ich mich zur Seite. Dort liegt Alexander, mein neunzehnjähriger Mitschüler mit dem braunen Pferdeschwanz. Er hat sich embryonal zusammengerollt und schnarcht mir ins Gesicht.

Das Ethikseminar im Haus Sankt Florian ist nur ein kleiner Bestandteil meiner dreijährigen Ausbildung, die sich aus Schulblöcken und Praxis-Einsätzen zusammensetzt. Es befasst sich mit den Themen Empathiefähigkeit, mit den fünf Phasen des Trauerns nach Elisabeth Kübler-Ross und mit dem aktiven Zuhören nach Carl Rogers.

Die fünf Phasen des Trauerns nennen sich »Verdrängung«, »Wut«, »Verhandeln«, »Depression« und »Akzeptanz«. Als ich das Modell während meiner Ausbildung präsentiert bekomme, kann ich mich gut daran erinnern, dass ich als Zwölfjährige all diese Phasen durchlaufen habe. Und zwar als unsere Boxerhündin Snappy an

Krebs starb. Erst ignorierte ich völlig, dass sie sterben würde, dann wurde ich furchtbar wütend auf meine Eltern und den Tierarzt, weil sie sich einig waren, dass eine Operation nicht mehr in Frage kam. Ich kratzte mein Taschengeld zusammen und versuchte, mit den Erwachsenen zu verhandeln. Zusätzlich feilschte ich mit einer nicht näher benannten höheren Macht herum. Ich glaube, das nennt man »Beten«. Schließlich saß ich heulend neben Snappy, kraulte ihre Ohren und hörte *Power of Love* von Frankie Goes To Hollywood.

Die Akzeptanz zog ein halbes Jahr später in Form eines schwarz-weiß gemusterten Katzenbabys in unsere Wohnung ein.

Kniffliger als das Fünf-Phasen-Modell finde ich die Kommunikationstheorie des amerikanischen Psychotherapeuten Carl Rogers. Die Idee dahinter leuchtet mir ein: Menschen sollen sich im Gespräch verstanden und angenommen und nicht bewertet oder analysiert fühlen. Ich allerdings fühle mich durch das »aktive Zuhören« oft eher verarscht oder auch verarschend, je nachdem, welche Rolle im Gespräch ich einnehme. Sehr knapp gesagt, geht es darum, dass man die Sätze des Gegenübers in Frageform wiederholt und so dem Gesprächspartner Aufmerksamkeit und verständnisvollen Zuspruch suggeriert. RogerianerInnen würden mich jetzt vielleicht ein wenig gereizt fragen: »Sie haben also das Gefühl, dass man bei Gebrauch der Kommunikation nach Rogers seine Gesprächspartner verarscht?«

Wie auch immer. Man stelle sich bloß eine typische Situation im Krankenhausalltag vor, in der die eine Seite konsequent »aktives Zuhören« praktiziert:

»Schwester, ich kann das nicht essen.«

»Sie sind also der Auffassung, diese Mahlzeit nicht zu sich nehmen zu können?«

»Quatschen Sie doch nicht so kariert daher. Dieses Hacksteak geht gar nicht!«

»Sie sind also der Meinung, ich solle ungemustert oder zumindest nicht kariert mit Ihnen sprechen. Obendrein glauben Sie, dass Ihr Hacksteak auf gar keinen Fall geht.«

»Verarschen kann ich mich selbst! Schaffen Sie den Fraß hier weg!«

»Ich spüre, Sie glauben, sich selbst auf den Arm nehmen zu können, und möchten, dass ich …«

Natürlich gibt es Situationen, in denen man das aktive Zuhören sinnvoll anwenden kann. Ganz sicher möchten Angehörige, die gerade einen Menschen verloren haben, keine Trostfloskeln, keine Ratschläge und keine Bewertung ihrer mühsam formulierten Trauer. Auch würde ich mich hüten, mit einem schizophren-paranoiden Patienten darüber zu diskutieren, ob das UFO, das er gerade im Zimmer hat landen sehen, tatsächlich existiert oder eine Ausgeburt seines Hirns ist. Wenn er behauptet, dass rund fünfzig neongrüne, drei Zentimeter große Affen aus einer kleinen Flugscheibe herausgepurzelt sind, um sich in Windeseile im Zimmer zu verteilen und obszöne Gesten in seine Richtung zu machen und sich natürlich immer genau dann zu verstecken, wenn ich gerade gucke, dann ist es tatsächlich das Beste, zu sagen: »Sie haben also eben eine kleine Flugscheibe im Zimmer gesehen, aus der etwa fünfzig neongrüne Affen herausgepurzelt sind?«

Dann hole ich Wischmopp und Kehrblech, um die wildgewordenen Winzlinge zusammenzukehren und im Klo zu entsorgen.

Bevor der Eindruck entsteht, meine dreijährige Ausbildung habe hauptsächlich darin bestanden, auf brombeerfarbenen Matten zu liegen, Monster in Latzhosen zu beobachten und Sätze zu wiederholen, möchte ich anmerken: Das Ethikseminar bildet nur einen kleinen Teil des Ganzen. Tatsächlich sind die Lerninhalte der Ausbildung gut dosiert und bauen sinnvoll aufeinander auf. So lernen wir zum Beispiel zuerst Struktur und Funktionsweise eines gesunden Darms kennen, dann erklären uns Ärzte und Ärztinnen aus den verschiedenen Fachbereichen die internistischen und chirurgischen Krankheitsbilder, und schließlich erläutern unsere Lehrerinnen und Lehrer aus der Pflege die speziellen Risiken und Pflegemaßnahmen.

Habe ich mich an der Uni gelangweilt und Vorlesung um Vorlesung wuschelige Monster ins Heft gekritzelt, tauche ich in meiner Krankenschwesterausbildung in die wunderbare Welt des praxisorientierten Lernens ein. So arbeite ich zum Beispiel nach einem zweiwöchigen Schulblock auf einer chirurgischen Station und betreue Menschen mit den Krankheitsbildern, die ich kurz vorher in der Theorie kennen gelernt habe. Nun gehört der künstliche Darmausgang vom Schaubild plötzlich zu einem drahtigen, agilen Mann, der Herr Balthasar heißt und meine Unterstützung benötigt, um den Beutel seines Anus praeter[1] zu wechseln.

Kurz darauf lagere ich den frisch operierten Arm von Frau Schauried erhöht auf ein Kissen und weiß genau, warum ich das tue, und kann es ihr auch erklären. Herrlich!

Meine beiden Schulleiterinnen sind die blonde Frau Soling und die braunhaarige Frau Anders. Die zwei ehemaligen Krankenschwestern haben selbst jahrelang in der Pflege gearbeitet. Sie wissen, wovon sie reden. Beide haben eine zierliche Statur und sind sehr präsent und energiegeladen.

Diese Lehrerinnen vermitteln uns nicht nur eine große Menge

an Fachwissen, sondern erinnern uns auch immer wieder daran, wie wichtig es ist, eine individuelle Balance zwischen Idealismus und Pragmatismus zu finden. Von ihnen lerne ich – zumindest in der Theorie –, einen hohen Anspruch an meine Arbeitsleistung zu stellen, mich aber auch selbst in Schutz zu nehmen, wenn der Arbeitsalltag so viele Kompromisse fordert, dass ich diesen Ansprüchen nicht vollständig gerecht werden kann.

Mit mir zusammen werden einundzwanzig weitere Krankenpflegerinnen und Krankenpfleger ausgebildet: achtzehn Frauen und drei Männer. Warum es vor allem Frauen in Pflegeberufe zieht? Einigen wir uns darauf, dass Frauen durch ihre Gene darauf programmiert sind, sich aufzuopfern und anstrengende Arbeiten für wenig Geld zu machen. Ja, es erfüllt sie mit tiefer Befriedigung, weil sie sich nur so ganz als Frau fühlen können. Männern hingegen raunt die DNA etwas anderes zu: Werde Chefarzt, dann wächst dein Glied noch mal um ein paar Zentimeter. Kein Wunder also, dass einer der drei Auszubildenden – ein von einigen angeschmachteter Sunnyboy – während der Ausbildung ins Medizinstudium wechselt. Die Gehirne von Männern sind ja auch größer als die von Frauen, wie wir in einem Theorieblock lernen. Wir lernen allerdings auch, dass Frauen mehr Nervenzellen in der Rübe haben und ihre beiden Gehirnhälften stärker vernetzt sind. Was das jetzt mit der Berufswahl zu tun hat? Gute Frage.

Hin und wieder machen sich im Unterricht die Altersunterschiede in unserer Gruppe bemerkbar: Während die siebzehnjährigen Mädels ganz ernsthaft mitschreiben, als unsere Ausbilderin mit gedämpfter Stimme sagt: »Tja, und weil ihre Gehirne kleiner sind, können Frauen eben auch schlechter Auto fahren«, lachen ich und die vierunddreißigjährige Comfort aus Kenia laut auf. Comfort hat vier Kinder zur Welt gebracht und schon einige Menschen Auto fahren gesehen. Seit sie in Deutschland lebt, weiß sie besonders gut, was ein Vorurteil ist. Sie ist ja nicht nur als Frau dümmer als ein Mann, sondern auch als Afrikanerin dümmer als ein Europäer. Dafür kann sie super tanzen und trommeln und sich lebenslang ein kindliches Gemüt bewahren. Oder so ähnlich.

Mein erster Stationseinsatz nach einem sechswöchigen Schulblock führt mich auf eine internistische Station. Voller Motivation, das gerade Gelernte anzuwenden, stelle ich mich dem Pflegeteam vor und lerne Mareike kennen, die Krankenschwester, die mich unter ihre Fittiche nehmen soll. Bildlich gesprochen, denn tatsächlich ist Mareike so klein, dass sie lediglich Kleinkinder und Wichtelmännchen unter ihre Fittiche nehmen könnte. Das gleicht sie mit einem dauergereizten Blick aus, der mir das Gefühl gibt, ein großer, plumper, strunzdummer Elefant zu sein.

Die ersten Tage auf der Station verbringe ich also damit, möglichst nicht im Weg herumzustehen. Ständig begleitet mich das Gefühl: »Ich weiß nix, ich kann nix, ich glaub, ich steh im Weg.« Nicht im Weg zu stehen ist gar nicht so einfach. Man muss sich ständig darauf konzentrieren, die richtige Position im Raum zu finden und die nächsten Schritte der anderen vorauszusehen. Diese Konzentration darf aber nicht dazu führen, dass die eigene Anspannung die Energiefelder der anderen stört. Am besten huscht man so geschmeidig und scheinentspannt durch die Räume, dass man kaum noch wahrgenommen wird. Dabei stauen sich Unmengen nach innen gewendeter Energie an, bis man wahlweise sehr lange sehr laut schreien oder mit den Schwestern einen urigen Watschentanz aufführen will. Je nach Naturell.

Ich stürze mich auf Arbeiten, von denen ich mir sicher bin, dass sie erledigt werden müssen. Wenn ich sie mache, entlaste ich das Team. Ja, ich bin eine gute Auszubildende. Ich will helfen. Ich räume das Verbandsmaterial von einem silbernen Rolltisch, schnappe mir einen Lappen und ein blaues Eimerchen mit frisch angerührter Desinfektionslauge und beginne, den Tisch abzuwischen. Plötzlich steht Mareike neben mir. Sie sagt nichts, sondern steht einfach da und schnaubt – geräuschlos, aber mit dem ganzen Körper. Dabei wirken ihre Hamsterbacken noch runder, wie mit Dämmmaterial ausgekleidet. Sie rümpft ihre kleine, spitze Nase und als sie sich zu einer Statue der Strenge verspannt, scheinen die diversen weiblichen Ausbuchtungen, die sie besitzt, für einen gnädigen Moment an den richtigen Stellen zu sitzen. Sie entwindet mir den Wischlappen, faltet ihn akkurat zweimal und wischt dann den ganzen Wagen noch einmal ab. Während sie das macht, erklärt sie mir, ohne mich anzusehen, mit ihrer Pumuckl-Stimme, dass ich es falsch gemacht hätte, dass ich wohl erst einmal lernen müsse, wie man einen Lappen faltet und wie die richtige Wischtechnik aussieht. Wahrscheinlich hat sie sogar recht damit, dass man theoretisch mit ungefaltetem Lappen und fehlender Wischrichtungsfestlegung einige Millimeter Tischplatte ungewischt und somit ein wildgewordenes Rudel Bakterien davonkommen lassen könnte. Ich werde allerdings das Gefühl nicht los, dass Schwester Mareike ihre eigenen Ausbildungstraumata abarbeiten muss und in mir endlich jemanden in der Krankenhaus-Hierarchie gefunden hat, den sie zur Minna machen kann.

Ich hole tief Luft und verkneife mir einen Kommentar.

Fünf Minuten später kneift mich der Kommentar allerdings so heftig zurück, dass ich ihn doch vom Stapel lasse. Denn als ich das Waschwasser für eine Patientin richte, taucht abermals Schwester

Mareike neben mir auf und lamentiert laut genug über meine Unfähigkeit, dass eine vorbeigehende Kollegin kurz stehen bleibt, um mich anzustarren. Wahrscheinlich, um sich mein Gesicht einzuprägen und mit dem Vermerk »unfähige Schwesternschülerin« in einer ihrer Hirnschubladen abzulegen.

»Mareike, was zur Hölle ist jetzt genau dein Problem?«, sage ich lauter als beabsichtigt.

»Das Problem ist …«, Mareike suhlt sich in ihrem plötzlich ganz besonnenen Tonfall. »Das Problem ist, dass man erst die Seife und dann das Wasser in die Schüssel macht.«

»Weil sonst die Schüssel explodiert, oder was?«

»Quatsch! Das muss schäumen, das Wasser. Schäumen!«

Nach jedem Praxis-Einsatz müssen zwei Bögen ausgefüllt werden. Im »Beurteilungsbogen« beurteilt die ausbildende Bezugsperson ihren Schützling. Im »Reflexionsbogen« reflektiert dieser Schützling über seine Bezugsperson. In beiden Bögen – oder wie man in den privatisierten Krankenhäusern heutzutage sagen müsste: »evaluation tools« – finden sich Fragen zur Motivation, zum angewandten Wissen und erreichten oder verfehlten Lernzielen.

Als ich zum Abschluss meines ersten Einsatzes meinen Reflexionsbogen vor mir liegen habe, muss ich an meine Zankereien mit Schwester Mareike denken. Angesichts des nüchternen Papierbogens kommt mir ein neuer Gedanke: Vielleicht geht es Mareike gar nicht um die perfekte Wischtechnik oder schäumende Schüsseln. Vielleicht besteht ihr Lehrauftrag vor allem darin, Neulingen die psychologische Unbill des Krankenhausalltags nahezubringen. Ja, ich soll lernen, dass es das gute, alte Hierarchiegetue nicht nur in der Ärzteschaft und zwischen Ärzten und Schwestern gibt, sondern natürlich auch unter dem Pflegepersonal selbst. Was für ein pfiffiger Dreh, mich so auf diesen wichtigen Teil meines Berufslebens vorzubereiten. Und Schwester Mareike hat ihre Rolle wirklich überzeugend gespielt. Ja, es scheint ihr nicht einmal schwergefallen zu sein, die zickige Nervbratze zu geben. Hut ab! Voller Anerkennung bewerte ich ihre Leistungen als »hervorragend« und mache schwungvoll einen Haken in das Kästchen »Lernziele verfolgt und erreicht«.

Auch im theoretischen Unterricht kann es zu Spannungen kommen. Das zeigt sich zum Beispiel, als wir das Thema Schwangerschaftsabbrüche behandeln: Juristische Grundlagen, psychologische, biologische und soziale Faktoren, christliche und gesellschaftspolitische Betrachtungsweisen kommen zur Sprache. Ich habe zwei Wochen vorher eine Freundin zu einem Schwangerschaftsabbruch begleitet und ihren deprimierten Blick und ihr Zittern noch frisch in Erinnerung. Vermutlich bin ich deshalb reichlich aufgeraut, als der bezopfte Matten-Schnarcher Alexander mitten im Unterricht ein Stammtischgespräch eröffnet: »Das ist doch ein Witz! Den Frauen wird's ja viel zu leicht gemacht. Mit solchen Gesetzen – da kann man ja gleich einen Abtreibungs-Drive-in aufmachen. Reinfahren, raussaugen, weitermachen.«

Irgendetwas schwillt in meinem Hals. Ein allergischer Schub, eine psychosomatische Lymphknotenverdickung, eine Schilddrüsenexplosion? Egal, auf jeden Fall muss ich sofort etwas gegen die Spontanschwellung unternehmen. Da muss Druck raus: »Spitzenkommentar, du Spatzenhirn.«

Und weil Alexander mich einfach nur anguckt wie ein zwischen Grimm und Furcht hin- und hergeworfenes Karnickel, setze ich noch nach: »Echt jetzt: Keine Ahnung haben, aber das Maul aufreißen.«

»Frau Brandt«, ermahnt mich die Kursleiterin, »äußern Sie Ihren Einwand bitte in einem anderen Ton.« Jetzt bin ich völlig raus. Die gutgemeinte Zurechtweisung von Frau Anders kommt bei meinem Inneren Kind überhaupt nicht gut an. Weiß der Geier, was da in mir aufgewühlt wird. Zumindest rausche ich wie auf Autopilot aus dem Kursraum, vorbei an zweiundzwanzig aufgerissenen Augenpaaren und zweiundzwanzig offen stehenden Mündern. Draußen auf dem Flur trete ich mehrfach gegen das Erstbeste, was mir begegnet: einen mit Schnitzereien verzierten, großen Eichenschrank, in dem Gläser und Geschirr gelagert werden. Frau Soling, die aufgrund des Kraches aus ihrem Büro lugt, bittet mich zu einem Gespräch. Interessanterweise müssen wir an dessen Ende beide lachen.

Später entschuldige ich mich bei Alexander für das Spatzenhirn und er sagt ohne Vorwurf: »Vermutlich habe ich wirklich keine Ahnung, was da alles mit dranhängt.«

Donnerstags haben wir Radiologie. Ein graubärtiger Mann mit blasser Haut und dunklen Knopfaugen zeigt uns in einem abgedunkelten Raum Röntgenaufnahmen und erklärt, was darauf zu sehen ist. Ich sehe es allerdings nicht, ich werde nur hin und wieder von meiner Mitschülerin angestupst, wenn mein regelmäßiges, tiefes Atmen wieder in Schnarchen übergeht. Ich bin einfach müde und dieser dunkle Raum im Verbund mit dieser sonoren Stimme entspannen mich tiefer als mein Kneipp-Gesundheitsbad *Glückliche Auszeit*. Müde bin ich, weil ich mittwochs bis ein oder zwei Uhr nachts arbeite. Ich mache Theke in der Kneipe *Wohnzimmer*, die ihrem Namen nur bedingt Ehre macht. Sie ähnelt eher dem ungemütlichen Gemeinschaftsraum eines Studentenwohnheims, in dem vor lauter Langeweile Aufstände geplant werden. Vielleicht machen auch die Schimmelsporen irgendetwas mit dem Gehirn. Die Gäste sind Studenten, tätowierte Rüpel aus wilden Bands, die Belegschaft des lokalen Stadtmagazins und kauzige, männliche Einzelgänger über dreißig. Es gibt keinen Kaffee-Vollautomaten, sondern eine röchelnde Kaffeemaschine, auf der der Filterkaffe von 20.00 Uhr bis 1.00 Uhr zu schwarzem Sud eingekocht und dann weggeschüttet wird. Die Gäste wollen keinen Kaffee, sie wollen Bier, manchmal auch Gin Tonic und Schnäpse.

Ich mag es, hinter der Theke zu stehen. Manchmal erscheint mir der Übergang von Gästen zu Patienten und von Patienten zu Gästen fließend. Zumindest hat die Kommunikation nach Rogers auch im Kneipen-Metier ihre Berechtigung: »Du möchtest mir also zu verstehen geben, dass du im Gegensatz zu mir der Auffassung bist, durchaus noch einen Schnaps vertragen zu können?«, ist ein Satz, den ich mich oft sagen höre. Seltener, aber wirkungsvoller sind Wiederholungen wie diese: »Du möchtest also allen Ernstes von mir gesagt bekommen, wann ich Feierabend habe, und wissen, ob ich dann noch irgendwo hingehe?«

2 Und täglich grüßt das Murmeltier – Chaos und Routine

Zu Beginn des dritten Jahres meiner Ausbildung habe ich einige sehr positive Beurteilungsbögen eingeheimst. Selbstbewusst und guter Dinge starte ich den Praxis-Einsatz auf einer chirurgischen Station. Nach einer Woche darf ich zum ersten Mal zwei Zimmer eigenverantwortlich betreuen. Darin liegen sechs chirurgische Patienten, fünf davon schon operiert. Der sechste, Herr Flessing, hat jedoch genau an meinem ersten Arbeitstag seinen Operationstermin. Gewissenhaft höre ich mir die Übergabe an – Grund des Aufenthaltes, Besonderheiten und aktuelles Befinden –, dann rolle ich mit meinem Pflegewagen los, auf dem alles für die Morgenrunde liegt. Krankenpflegekurve[2], Thermometer, Blutdruckmessgerät, Blutzuckermessgerät und die Tablettenschälchen für den Tag – vom Spätdienst gestellt, vom Nachtdienst kontrolliert. Ich wecke die Patienten und beginne mit der Morgenroutine: Vitalparameter kontrollieren, nach Schmerzen fragen.

Gerade habe ich alle im Zimmer geweckt, da kommt Anke dazu, meine Bezugsperson[3]. Sie ist zweiundzwanzig Jahre alt, also vier Jahre jünger als ich, hat vor zweieinhalb Jahren die Ausbildung abgeschlossen und sieht mit ihrem brünetten Pferdeschwanz und ihrer zierlichen Statur aus, als wäre sie fünfzehn und frisch aus einem Wendy-Comic gesprungen. Ihr Teint ist frisch, ihr Blick klar, ihre Haltung sicher. Sie ist der Typ Frau, der wirklich gerne Obst isst, nie überanstrengt wirkt und dessen Haare nach Apfelshampoo riechen, selbst wenn sie nicht gewaschen wurden. Sie ist der Typ Frau, der mich nervös macht.

Ich stelle mir Ankes Elternhaus sonnendurchflutet und aufgeräumt vor. Zum Frühstück gibt es frisch gepressten Orangensaft, nachmittags wird Klavier geübt. Dann kommt der nette junge Mann aus dem Tanzkurs, um die Tochter des Hauses zu einem Spaziergang abzuholen. Mit diesem netten jungen Mann ist Anke heute noch zusammen. Sie wohnen in einer sonnendurchfluteten, aufgeräumten Wohnung, und zum Frühstück gibt es frisch gepressten Orangensaft.

Anke weiß, was sie will, phantasiere ich weiter vor mich hin. Sie kann einen Weg konsequent verfolgen, ohne dabei zu hart zu sich oder zu anderen zu sein. Irgendwie scheint sich in Ankes Leben immer alles ordentlich zu fügen, weil in ihr alles so ordentlich gefügt ist.

Es ist nicht so, dass ich Anke unsympathisch finde. Ich finde nur mich selbst in ihrer Gegenwart plötzlich seltsam.

Anke hält mir einen kleinen Plastikbecher mit einer Tablette hin und sagt, dass Herr Flessing an die erste Stelle des OP-Plans gerutscht ist und jetzt seine Prä-Medikation bekommt. Ich bitte also Herrn Flessing, sich rasch zu waschen und dann das OP-Hemd anzuziehen. Danach soll er die Beruhigungstablette nehmen. Die Pille macht müde und möglicherweise auch wackelig auf den Beinen, also soll er sich erst wieder ins Bett legen. Herr Flessing ist nicht älter als ich und trägt die prächtige Matte des traditionsbewussten Heavy-Metal-Fans. Als traditionell kann auch sein Motorradunfall bezeichnet werden. Trotz seines angeschlagenen Zustandes lächelt Herr Flessing spitzbübisch, als ich ihn zurück ins Bett schicke. Es würde mich nicht wundern, wenn er gleich ein ironisches »Aye, aye Ma'am!« zum Besten gäbe.

Nach der ersten Morgenrunde schnappe ich mir zwei Waschschüsseln für die beiden Patienten, die nicht aufstehen können, weil sie nach ihrer Operation Bettruhe benötigen. Während ich dem einen das Waschwasser einfach hinstellen kann, braucht der andere meine Unterstützung. Um den sehr dicken Herrn Faßbender anders zu positionieren, muss ich ihn unter seiner Mithilfe so lange schaukeln, bis seine Masse genug Schwung entwickelt hat, um vom Rücken auf die Seite gewuchtet zu werden. Dann heißt es: Hosen runter. Ich wasche gerade das westliche Gebiet seines Hinterns, als eine Kollegin hereinplatzt und sagt: »Herr Seger muss gleich zum Röntgen.« Ich nicke und arbeite mich in die östlichen Gefilde vor. Dann helfe ich Herrn Seger, sich aufrecht an den Bettrand zu setzen, befördere ihn in einen Rollstuhl und fahre ihn ins Erdgeschoss zur Röntgenabteilung.

Auf dem Rückweg merke ich, dass mein geplanter Ablauf durcheinander ist. Aber noch glaube ich, alles im Griff zu haben. Ich fahre Herrn Flessing zusammen mit Anke zum Operationssaal, denn während ich im Erdgeschoss war, ist sein OP-Aufruf gekommen. Anke schnappt sich noch schnell den Ambu-Beutel[4], den man zur Sicherheit des Patienten immer dabeihaben soll, wenn er die Prä-Medikation eingenommen hat.

»Sie haben doch die Tablette genommen?«, hakt Anke zu meiner Verblüffung nach. Natürlich hat er sie genommen, denke ich, wieso sollte er die nicht genommen haben? Soll man hier alles doppelt und dreifach nachfragen?

Herr Flessing grinst.

»Sie haben die nicht genommen, stimmt's?« Anke klingt im Rahmen ihrer Möglichkeiten streng.

»Nö. Ist doch Kinderkram.«

Anke sieht mich an und nickt und ich laufe los, um die »Pille davor« zu holen. Jetzt bin ich gespannt, wie Anke den schwermetallischen Sturkopf zur Einnahme motiviert. Aber ich hätte es mir denken können: Sie setzt sofort auf die richtige Strategie.

»Auch wenn Sie das für Kinderkram halten – könnten Sie bitte die Tablette einnehmen? Und wenn es nur mir zuliebe ist?«

Herr Flessing strahlt und schluckt ritterlich die Pille. Dann fängt er an, fürchterlich zu husten. Tränen schießen ihm aus den Augen. Ich laufe wieder los. Diesmal, um ein Glas Wasser zu holen. Dabei merke ich, dass auch mir allmählich was im Halse stecken bleibt: Nämlich das selbstgewisse Lächeln darüber, den Laden schon lässig schmeißen zu können. Faktencheck: Ambu-Beutel vergessen, Tabletteneinnahme nicht kontrolliert und insgesamt den Überblick verloren. Wer ist eigentlich gerade wo und warum? In welcher Reihenfolge muss ich vorgehen und warum geht mir Ankes rosiges Gesicht mit diesem entspannten Lächeln gerade so gewaltig auf den Kranz?

Als wir die Treppen hochsteigen – sie mit leicht federnden Schritten wie in einer Yogurette-Reklame, ich etwas kurzatmig wie Goofy, der seinem tollen Mäusefreund hinterhertapst –, sagt Anke lächelnd: »Du, das ist normal, dass man am Anfang ganz schön durcheinanderkommt.«

Ich lächle auch, nur dass sich mein Lächeln wie Krafttraining für die Gesichtsmuskeln anfühlt.

Anke geht mit mir in »meine« Zimmer und schaut, ob sie mich unterstützen kann. Und ich kontrolliere unauffällig, ob sie unauffällig kontrolliert, ob ich alles richtig mache.

Schließlich bin ich mit dem Durchgang bei meinen Patienten fertig, habe alles Notwendige in den Kurven notiert und biete meinen Kolleginnen meine Unterstützung an. Gerade rechtzeitig, denn jetzt um Punkt 8.00 Uhr rollen die Wagen mit den Frühstück-

tabletts gemeinsam mit der Arztvisite an. Ich begleite die Stationsärztin in die von mir betreuten Zimmer. Im ersten schaut sie unter
Pflasterverbände, bespricht kurz mit den Patienten den weiteren
Verlauf und schon rauschen wir ins nächste Zimmer. Herr Flessing ist im OP, Herr Faßbender schnarcht beruhigend gleichmäßig
und Herr Seger… Oha! Herr Seger sitzt seit einer Stunde unten
vor der Röntgen-Abteilung und friert sich wahrscheinlich gerade
die Zehen ab, die vorne aus den Anti-Thrombose-Strümpfen he-
rausragen. Vor meinem geistigen Auge sehe ich ihn mit traurigen
Welpenaugen den leeren, langen Flur nach mir absuchen.

Die Stationsärztin sieht mich ausdruckslos an. Meine Wangen
werden warm. In diesem Augenblick schiebt Anke Herrn Seger ins
Zimmer.

»Ich hab ihn mal aus dem Raucherzimmer abgeholt. Da findet
man ihn ja eigentlich immer«, sagt sie gut gelaunt. Herr Seger
grinst halb peinlich berührt, halb frech und lässt sich an sein Bett
rollen.

Nach der Visite gehe ich zu Anke. Ziemlich zerknirscht sage
ich ihr, dass ich anscheinend doch noch überfordert bin, wenn ich
zwei Patientenzimmer betreuen soll. Den Seger hätte ich vergessen, die Tabletteneinnahme von Herrn Flessing nicht kontrolliert
und auch nicht an den Ambu-Beutel gedacht. Und wenn sie nicht
gewesen wäre, dann hätte es ein richtiges Chaos gegeben und vermutlich wäre ich einfach keine gute Krankenschwester, weil ich
mich nicht organisieren könnte.

Anke hört sich meine Selbstvorwürfe mit ernstem Gesichtsausdruck an. Ich wusste gar nicht, dass sie so gucken kann. Dann hellt
sich ihre Miene auf und sie sagt: »Du kannst das, Karla. Verwir-
rung ist am Anfang doch ganz normal.« Die zwei Sätze tun mir
unglaublich gut und machen mich trotzdem etwas traurig. »Du

kannst das« und »Das ist doch ganz normal« – warum kann ich mir das nicht selbst öfter einmal sagen und es dann auch glauben? Vielleicht sind diese beiden Sätze das ganze Geheimnis von Ankes Souveränität.

Auf einer Krankenhausstation den Überblick zu behalten kann man nicht theoretisch lernen. Wie man die vielen kleinen Anforderungen so organisiert, dass es möglichst gut läuft, lernt man nur in der Praxis und am wirkungsvollsten – ich weiß, dass das viele potentielle Krankenhauspatienten gar nicht gerne lesen – durch Fehler. Vor allem für den Alltag auf einer Intensivstation gilt, dass man vorhersehen kann, dass man ihn nicht vorhersehen kann. Damit umzugehen erfordert ein intuitives Wissen, das mit jedem Jahr Berufserfahrung wächst.

Ich habe gelernt, mich mit den Unwägbarkeiten zu arrangieren. Ich plane und organisiere mich auch heute noch zu jedem Dienstbeginn. Und dann schmeißt irgendetwas meine Planung über den Haufen und ich weiß, dass ich jetzt vom routinierten Autopiloten auf den hellwachen Entdecker umschalten muss, der sich auf unbekanntes Terrain begibt. Und gerade das habe ich im Laufe der Jahre zu schätzen gelernt. Immer wieder weicht im Krankenhaus die Routine dem Chaos. Plötzlich und oft blitzschnell müssen Entscheidungen getroffen werden, ohne dass es ein Schema gibt, an dem man sich orientieren könnte. Für Computerspiel-Freunde: Bin ich eben noch im kinderleichten ersten Level lässig über kleine Hindernisse gehüpft wie hunderte Male zuvor, taucht auf einmal aus dem Nichts ein fieser, bisher unbekannter Endgegner auf und schwingt seine riesigen Tentakel wie Peitschen durch die Luft. Aber warte, Freundchen! Mittlerweile kenne ich dieses Spiel und habe eine gute Intuition, wo zusätzliche Hilfsmittel versteckt sein könnten. Von null auf hundert in wenigen Sekunden: Ich finde, das hält fit. Und es fühlt sich gut an, solche Herausforderungen im Team zu meistern – ja, auch wegen der rauschhaften Auswirkungen eines erhöhten Adrenalinausstoßes.

Noch etwas ist auf der Intensivstation für mich attraktiver als auf anderen Krankenhausstationen: »Intensiv« bedeutet für uns Pflegende, dass wir viel mehr Zeit mit den Patienten verbringen. Ich betreue in der Regel drei zur gleichen Zeit, manchmal auch zwei oder vier. Anders als meine Kolleginnen und Kollegen von den anderen Stationen habe ich meine Unterlagen für die Dokumentation direkt neben dem Patientenbett liegen und werde nicht ins zentrale Stationszimmer verbannt, um für fünfzehn oder sogar zwanzig Patienten und Patientinnen die Visite auszuarbeiten, Medikamente zu richten, zu dokumentieren, Kurzinfusionen vorzubereiten und zu merken, wie die Zeit, die ich direkt bei den Patienten verbringe, auf zwei oder drei Stunden am Tag zusammenschmilzt.

Nach fast zehn Jahren Intensivpflege bin ich nicht mehr wirklich auf dem Laufenden, wie es jetzt auf den Normalstationen zugeht, aber so war es dort, bevor ich mir ein Blaulicht auf den Kopf schnallte, um eine deutlich kleinere Anzahl an Patienten zu betreuen, diese aber eben umso intensiver.

Intensiver ist bei uns auch der Einsatz von Technik. Für Außenstehende wirkt unsere Station vielleicht wie ein Raumschiff aus einem Science-Fiction-Film der Siebzigerjahre mit all den Kabeln und den Maschinen, die an Menschen angeschlossen sind. Das ständige Hupen, Blinken, Piepen und Zischen sorgt für eine nicht unerhebliche Unruhe. Aber in meiner Wahrnehmung sind die Perfusoren[5], Beatmungsgeräte und Überwachungsmonitore Nebensache. Wenn ich zum Beispiel überprüfe, ob der Cuff des Tubus[6] zu viel oder zu wenig Druck enthält, dann mache ich das so beiläufig wie jemand, der sicherheitshalber noch mal nachschaut, ob er nach dem WC-Besuch auch wirklich den Hosenlatz geschlossen hat.

Donnerstag, 5.00 Uhr. Mittlerweile arbeite ich seit gut acht Jahren auf der Intensivstation. Noch nicht ganz wach tapere ich hinter meiner Kollegin Andrea her. Ihr dunkles, grau meliertes Haar hat sie zu einem Zopf gebunden, wodurch ihre rappelkurz geschorene rechte Seite freiliegt – ein Relikt aus alten Punk-Tagen. Sie hat im Nachtdienst zwei der drei Patientinnen betreut, die ich nun übernehme. Im Vorbeigehen drücke ich auf den Lichtschalter des Stationsflures. Links und rechts säumen jalousie-verdeckte Glasscheiben unseren Weg. Dahinter liegen die insgesamt sieben Patientenzimmer. Wir betreten die Nummer zwei und ich knipse das Arbeitslicht an der Theke[7] an, auf der die Akten der Patientinnen liegen. Mit gedämpfter Stimme erstattet mir Andrea Bericht zu den beiden Frauen, die hier untergebracht sind.

Frau Morani – deren extrem gebräuntes Gesicht an eine Marone erinnert – liegt im vorderen Bett und blinzelt schlaftrunken ins Licht. Sie ist eine post-operative Patientin. Nach Morgenvisite und Frühstück soll sie zurück auf ihre Station verlegt werden. Bed & Breakfast nennen wir das.

Andrea lallt ein bisschen, als sie mir den Verlauf der Nacht schildert. Nach arbeitsreichen Nachtdiensten habe ich das schon an mir selbst beobachtet. Die Worte sind im Kopf noch halbwegs sortiert, geraten aber auf dem Weg zum Mund irgendwie ins Schlingern.

Erst wegen der Schmerzen und dann vor allem wegen der Übelkeit habe Frau Morani recht wenig Schlaf abbekommen.

»Gar keinen«, nuschelt Frau Morani dazwischen. Ein weiterer Grund dafür könnte das elektrische Hupen des Beatmungsgerätes sein, an das ihre Nachbarpatientin angeschlossen ist. Frau Kleinmayer ist nämlich nur sehr oberflächlich sediert und so hustet sie ab und zu oder macht eigene Atemzüge, auf die das Gerät mit einem Signalton hinweist.

Andrea hat mir alles Notwendige berichtet und geht. Sie muss noch eine Patientenübergabe durchführen. Ich bleibe bei Frau Kleinmayer und überprüfe, ob die Beatmungssituation in Ordnung ist. Dazu gehört, dass ich mit den Fingern leicht an ihre Wimpern stoße und sie anspreche, um mir ein Bild davon zu machen, wie wach sie schon ist. Anschließend horche ich mit einem Stethoskop an ihrem Brustkorb auf Atemgeräusche im linken wie im rechten Lungenflügel, ermittle mit einem Manometer[8] den Cuff-Druck ihres Beatmungsschlauches, notiere die aktuellen Beatmungsparameter und passe die Alarmgrenzen am Beatmungsgerät und dem Überwachungsmonitor an. Dann sehe ich nach, ob die Infusomaten[9] und Perfusoren wie gewünscht laufen und ob vielleicht in der nächsten halben Stunde eine Perfusorspritze leer laufen wird. Wenn ich das mit einem Haken bei Safety-Check als erledigt markiert und die aktuellen Vitalparameter eingetragen habe, exerziere ich das Ganze in abgespeckter Version bei Frau Morani durch.

Sie ist wach und so kann ich sie einfach fragen, ob sie schmerzfrei tief einatmen kann und ob ihr übel ist, während ich einen Blick auf ihre Wunddrainagen, ihre Infusionen und den Monitor über ihrem Bett werfe. Alles ist so weit in Ordnung und ich gebe Frau Morani eine Kurzfassung des geplanten Ablaufes bis zu ihrer Verlegung. Dummerweise nenne ich sie dabei mehrmals Frau Maroni.

Anschließend mache ich noch schnell meinen Sicherheits-Check bei einer anderen Patientin und hole mir auch dort den Anordnungsbogen. Mit den auf unhandlich großen DIN-A3-Klemmbrettern befestigten Medikamentenplänen, die sich allerdings hervorragend als Tabletts für Medikamente eignen, quetsche ich mich zu meinen vier Kolleginnen in unser Medikamentenlager. Darin stehen sich zwei fast bis an die Decke reichende, weiße, siebentürige Schrankwände und ein mannshoher Kühlschrank gegenüber – alles randvoll mit Medikamenten. Und jetzt, um 6.40 Uhr, ist der spärliche Rest des schlauchförmigen Raumes mit Krankenschwestern aufgefüllt. Zum Glück sind wir unterschiedlich groß und nicht alle so rundlich wie ich, sonst würden wir uns womöglich verkeilen und als Kunstwerk im Kulturteil der Zeitung landen: »Blaue Flecken, grüne Kittel – bizarre Installation im Sankt-Nimmerlein-Krankenhaus«. Aber wir sind ein eingespieltes Team und so schieben wir uns aneinander vorbei, öffnen Schränke und Schubladen, ohne sie jemand anderem ans Knie oder Kinn zu hauen, häufen Ampullen, bunte Pillen und kleine Infusionsfläschchen auf unsere Tabletts, die mal über dem Kopf, mal unter dem Ellbogen der Kollegin hindurch balanciert werden. Laurel und Hardy hätten daraus eine große Nummer gemacht.

Als ich noch einmal bei Frau Morani vorbeischaue, ist es fast 7.00 Uhr. Noch dreißig Minuten Zeit bis zur Visite der Anästhesie und der operativen Abteilungen. Ich überlege gerade, ob ich ein Glas Wasser trinken soll, da klingelt das Telefon. Am Apparat ist Jessi, die große, blonde Internistin, die wir manchmal auch »CM« – Chaosmanager – nennen: »Ich komme jetzt mit 'ner oberen GI-Blutung[10] zu euch hoch.« Meine Antwort fällt knapp aus: »Okay, Anästhesie?« Das ist die Kurzform für: »Alles Weitere erzählst du, wenn du hier mit dem Patienten ankommst, aber sag mir doch schon mal, ob eine Schutzintubation[11] nötig ist.«

»Jepp«, antwortet Jessi noch knapper.

In dem Tonfall, in dem ein Schaffner an einem Bahnhof »Zurücktreten!« ruft, rufe ich in den Flur: »Aufnahme!« Meine mit Sommersprossen besprenkelte Pflege-Kollegin Marion schaut aus ihrem Zimmer und sagt gereizt: »Wir sind voll, was kommt denn?«

»Obere GI-Blutung, massiv. Ich ruf schon mal Matthias an, auch wegen Verlegung«, antworte ich.

»Mein Herr Hofmann ist verlegungsfit, denk ich mal«, antwortet Marion nach einem Blick zurück in ihr Zimmer.

Schon habe ich den Anästhesisten Matthias am Telefon. Er ist im Kreißsaal. Vermutlich hat er gerade eben einer werdenden Mutter einen Schmerzkatheter zwischen die Wirbel geschoben. Ich sage ihm, was los ist und dass wir ihn jetzt brauchen. In diesem Augenblick öffnet sich die Schleusentür zu unserer Station und mit ihr meine Adrenalinschleusen. Ein Energieschub, der so rasant angerauscht kommt, dass sich die Haare in meinem Nacken aufstellen. Chaosmanager Jessi rollt ein Bett mitsamt Patientin in den Korridor. Dabei hilft ihr Christian, ein baumlanger Pfleger, der heute die Schichtleitung hat.

Ich helfe Jessi beim Manövrieren des Bettes. Sie sagt: »Frau Arand ist gestern am späten Abend mit Teerstuhl[12] ins Haus gekommen, war heute zur Gastroskopie geplant und hat jetzt Blut erbrochen.«

Arand? Frau Arand? Da war doch was, denke ich.

Im Bett sitzt aufgerichtet eine Frau Mitte sechzig, deren birnenförmiger Schädel von einer schwarz gefärbten Prinz-Eisenherz-Frisur eingerahmt wird. Sie starrt erschreckt vor sich auf die Bettdecke und die darüber drapierte Schutzunterlage. Darunter scheint ein gefräßiges Alien auf seinen großen Auftritt zu warten. Ich schaue vermutlich nicht weniger erschrocken als Frau Arand, denn ich erkenne in ihr meine ehemalige Mathematiklehrerin wieder, den Alptraum meiner Unterstufenzeit. Mathematik und Frau Arand – eine Kombination wie Af und D, wie Freitag und dreizehnter, wie Schuh und Scheiße.

In der Grundschule war ich noch gut in Mathe gewesen. Ich hatte ja all die Zahlen kennen wollen, die die Großen so locker dahersagten. Ich hatte wissen wollen, wie ich mein Taschengeld addieren und subtrahieren und notfalls auch teilen konnte. Mathe hatte mit meinem Leben zu tun und ich eignete mir freiwillig an, was ich brauchte. Mit Frau Arand tauchten plötzlich Funktionen, Ableitungen sowie Sinus und Cosinus an der Tafel auf. Ich kam mir bald vor wie in einem Alptraum, in dem mich eine Hexe dazu zwingt, die wirre Sprache von Außerirdischen zu lernen, mit denen ich vielleicht in ferner Zukunft mal Kontakt haben würde, vielleicht aber auch nicht.

Frau Arand wusste selbst nicht, warum sie uns diesen Unsinn beibrachte, vermutlich machte sie genau das so wütend, und diese Wut ließ sie dann an den besonders bockigen Schülern aus, zum Beispiel an mir: »Karla, komm, jetzt streng dich mal an. So dumm kannst selbst du nicht sein.«

Es dauerte nicht lange, und ich hatte vor Mathestunden Bauchzwicken und vor Matheklausuren Alpträume und Schweißausbrüche. Und das Lernen, das mir früher noch wie ein tolles Spiel vorgekommen war, hatte sich nun in eine sinnlose Quälerei verwandelt, die von Sätzen wie diesen begleitet war: »Ach Karla, es ist hoffnungslos. Vermutlich wärst du an einer Hauptschule besser aufgehoben.«

Jetzt sitzt eine deutlich gealterte Frau Arand vor mir, kreidebleich und jämmerlich. Auf ihrem Schoß steht eine stählerne Waschschüssel. Tütchen, wie man sie im Flugzeug bekommt, würden in diesem Fall nicht ausreichen. Die Menge an Blut, die sich bei einer gastrointestinalen Blutung im Magen sammeln kann, verlangt nach wirklich großen Gefäßen. Und wie ich sehen kann, hat Frau Arand auch schon etwa einen halben Liter Blutsuppe mit halbverdauten, zusammengepappten Blutküchlein erbrochen. Blass und geschockt schaut sie in die Schüssel. Alle Menschen, denen gerade eine rote Fontäne aus dem Mund geschossen ist, sehen geschockt aus: eine Mischung aus Schrecken, Ekel und Scham.

Plötzlich wird Frau Arands Blick glasig. Ein Blutkuchen drückt ihren Mund auseinander, als würde er gerade geboren. Dann bricht ein absurd üppiger Blutschwall aus der kleinen Frau. Ein Geruch nach Ente süß-sauer steigt auf, als ein gallertartiger Klumpen samt Soße in die Stahlschüssel platscht. Frau Arand beginnt zu weinen. Ihr ganzer Körper wird von einem Heulkrampf geschüttelt.

Wir schieben sie in einen Raum, den wir Not-OP nennen, obwohl dort seit Jahrzehnten nicht mehr operiert wird. Das Zimmer ist nicht gerade das gemütlichste in unserem Sortiment, aber noch sind die regulären Zimmer ja alle belegt. Der Raum ist zu einem Drittel vollgestellt mit dem fahrbaren Röntgen-Gerät, einem der beiden Notfallwagen und anderen Gerätschaften, die wir nur hin und wieder benötigen. Außerdem befindet sich darin eine Monitor-Einheit, mit der ein Patient vorübergehend überwacht werden kann.

Jessi erklärt Frau Arand, was jetzt unternommen wird. Zwischen den Sätzen zählt sie mir die Medikamente auf, die ich sofort holen soll.[13] Marion steht plötzlich neben uns, schlägt die blutverschmutzte Bettdecke zurück und verkabelt Frau Arand: EKG-Überwachung, Blutdruckmanschette und SpO2-Clip[14]. Marion ist eine kleine, energiegeladene Bayerin, die früher bei der Bundeswehr war. In Krisensituationen wird sie ruhig. Endlich einmal wird etwas von ihr gefordert und ihre überschüssige Energie vorübergehend kanalisiert.

Ich sprinte auf meinen rutschfesten Sohlen über den Stationsflur und renne beinahe Christian über den Haufen, der mit Telefonhörer am Ohr in den Weg latscht.

»Ja, genau jetzt!«, höre ich ihn sagen und weiß sofort, was los ist: Unser Herr Hofmann wird auf eine Station verlegt, die ebenfalls voll ist und nun ihrerseits einen Menschen verlegen muss. Das gute alte Patienten-Tetris. Und schuld ist meist die Intensivstation. Die Druckwelle unserer Explosionen breitet sich im Krankenhaus aus: Visiten-Zeitpläne werden durchgeschüttelt, Arbeitsabläufe der Pflege werden unterbrochen und ein Schmerzkatheter, der Alarm gibt, weil er in den nächsten dreißig Minuten leer ist, muss eben weiter quengeln. Ich richte die Medikamente und sehe aus den Augenwinkeln, wie Schwester Julia – unsere Mangaprinzessin – in Zimmer zwei verschwindet, denn der hohe, anhaltende Piepton bedeutet, dass Frau Morani den Schwesternruf gedrückt hat. Ich kann mich nicht darum kümmern, sondern muss zurück zu Frau Arand.

Als ich wieder den Notfall-OP betrete, legt Jessi ihr gerade einen arteriellen Zugang, um den Blutdruck möglichst engmaschig überwachen zu können. Marion schaut mich fragend an. Ich nicke ihr zu und sie geht, um Herrn Hofmann für die Verlegung vorzubereiten. Abgelöst wird sie von Matthias, der Frau Arand in der Blitzfassung erklärt, wie er sie in Narkose versetzen wird. Obendrein taucht Raina auf, die Internistin, die Jessi jetzt eigentlich zum Tagdienst ablösen müsste. Aber jetzt ist keine Zeit für die Dienst-Übergabe.

Ich mache das System für die arterielle Blutdruckmessung fertig. Alle sprechen etwas nasal, weil der durchdringende Geruch des stockig gewordenen Blutes jeden automatisch dazu bringt, durch den Mund zu atmen. An der offenen Tür des Not-OPs rollt Herr Hofmann in seinem Bett vorbei, geschoben von unserer gewohnt cool dreinblickenden Mangaprinzessin. Wir schieben Frau Arand schnell auf den jetzt freien, besser ausgestatteten Bettplatz. Auf dem Weg dahin erzählt Jessi, was vermutlich die Ursache für

Frau Arands gastrointestinale Blutung ist. Frau Arand stieß sich vor zwei Wochen heftig ihr Knie und nahm daraufhin Schmerztabletten. Sie griff zum frei verkäuflichen Antidolor400[15] und nahm zehn Tage lang morgens, mittags und abends je eine Tablette. Man sollte dieses Mittel aber nicht einnehmen, ohne zusätzlich etwas zum Schutz der Magenschleimhaut einzuwerfen; erst recht nicht, wenn man zeitgleich Acetylsalicylsäure[16] nimmt, um die Blutgerinnung zu beeinflussen. Bei Frau Arand kam also das eine zum anderen und jetzt liegt sie hier bei uns, kalkweiß im Gesicht und etwas kaltschweißig, mit einer vermutlich stellenweise ziemlich angefressenen Magenwand.

Marion hat den neuen Bettplatz mit Desinfektionsmittel gewischt und das Beatmungsgerät, das Intubationsmaterial und den Sulla[17] vorbereitet. Kaum angekommen, bäumt sich Frau Arand auf. Sie erbricht sich erneut und zu den dunkelroten Blutpfropfen mischt sich ein hellrotes Rinnsal. Das ist frisches Blut und ein Warnzeichen: Wir müssen sofort handeln. Jessi ordnet an, zwei Blutkonserven aus dem großen Labor zu holen. Marion läuft los und Matthias, Jessi und ich bereiten die Intubation vor. Es wird eine Crush-Intubation[18], um zu vermeiden, dass sich der ganze Schlamassel aus Frau Arands Magen in ihre Lunge ergießt. Matthias steht am Kopfende des Bettes und hält Frau Arand eine Maske vor das Gesicht, aus der Sauerstoff strömt. Er sagt deutlich an, welche Medikamente verabreicht werden sollen: »Sufenta, Propofol, Rocuronium.«

Frau Arand blinzelt mich über die Maske hinweg ängstlich an. Plötzlich verändert sich ihr Blick. Erkennt sie mich etwa wieder? Ich nicke ganz sacht und gebe mir Mühe, möglichst ruhig und freundlich dreinzuschauen. Ich lege eine meiner behandschuhten Hände auf ihre, die sie ineinander verschränkt hat und besorgt knetet. Das mache ich nicht nur, weil das beruhigend wirkt und weil es so eine schöne Geschichte ist, dass ich mit dem alten Mathedrachen Händchen gehalten habe. Auf diese Weise spüre ich besonders zuverlässig, ob die Betäubungsmittel wirken. Und schon geht es los: Frau Arands Hände erschlaffen, ihr Blick wird leer. Im selben Moment hat Matthias schon den von Jessi angereichten Spatel des Laryngoskops[19] in Frau Arands Rachen gesteckt und schiebt den mit einem Führungsdraht bestückten Tubus in ihre Luftröhre. Er muss sich dabei ganz schön recken, weil das Kopfteil des Bettes aus gutem Grund nicht flach gestellt ist. Das Letzte, was wir gebrauchen können, ist, dass Frau Arand an ihrem Mageninhalt erstickt. Julia trottet mit gelangweiltem Gesichtsausdruck ins Zimmer und fragt, was sie Frau Morani gegen Übelkeit geben kann. Während Matthias den Tubus richtig platziert, Jessi dessen Cuff aufpumpt und ich frage, ob ich die Ampulle Akrinor bei einem aktuellen Blutdruck von 72/40 mmHG[20] spritzen soll, sagt Matthias: »Eine halbe Ampulle Vomex. Und ja, Karla.« Da sage noch mal einer, Männer seien nicht multitaskingfähig.

Marion kommt mit zwei EKs[21], die allerdings in der Eile nicht mehr mit Patientenblut gekreuzt werden konnten, wie es eigentlich Vorschrift ist. Während wir auf dem Flur den Gastro-Turm[22] zeitgleich mit dem Frühstückswagen heranklappern und den gerade eingetroffenen Oberarzt vergnügt mit Raina schwatzen hören, flucht plötzlich eine heisere Männerstimme drauflos: »Was ist denn das für ein Krach, zur Hölle? Wie soll man denn da …?«

Ich schiebe den Sichtschutz zum nächsten Patientenbett ein Stück zur Seite. Herr Bornscheidt, ein schnauzbärtiger Pensionär, sieht mich ärgerlich an. Dann fällt sein Blick auf das blutbesudelte Bett und die noch in seinem Sichtfeld liegenden leichenhaften Hände der Frau.

»Ach du Scheiße«, sagt er leise und ohne den Blick von Frau Arand abzuwenden. Ich lächle lieb und lasse den Sichtschutz wieder zurückgleiten. Es stimmt schon: Ein Bild sagt oft mehr als tausend Worte.

Marion und ich drehen Frau Arand auf ihre linke Seite für die Gastroskopie. Bis die vorbei ist und die Blutungsquellen geclippt wurden, nehmen Marion und ich die Arbeitsroutine bei unseren anderen Patienten wieder auf, immer mit einem Ohr auf Monitoralarme oder einen Ruf der Ärzte lauschend. Etwas später befreien wir Frau Arand aus ihrem blutverschmierten Nachthemd und wechseln die Bettwäsche und das Laken. Wenn es zur sinnvollen Aufgabe wird, Ordnung zu schaffen und das Schlachtfeld zu säubern, dann ist das ein sicheres Zeichen dafür, dass das Leben der Patientin erst einmal gerettet ist.

Als unser Team später in der Frühstückspause zusammensitzt, liegt noch immer der Geruch des halbverdauten Blutes in der Luft und ich überlege, wann mir eigentlich so ein Gemetzel und so ein jammervoller, ängstlicher Patientenblick das letzte Mal den Appetit verdorben hat. Das muss Jahre her sein, denke ich und beiße hungrig in eine Brötchenhälfte mit stückiger, schwabbelnder Brombeermarmelade.

3 Pizza zum Frühstück – Schichtdienst und seine Folgen

Die ungeölte Wohnungstür maunzt laut, als ich mich um 7.00 Uhr morgens in meine WG schleichen will. Noch lauter maunzt Frau Bernstein, die mich mit einer Mischung aus hysterischer Freude und Vorwurf begrüßt. Frau Bernstein ist meine Katze, denn jede gute Krankenschwester hat eine Katze. Krankenschwestern ohne Katze sind wie Polizistinnen ohne Hund oder Baronessen ohne Pferd.

Vermutlich weckt das Maunzen meinen feinnervigen Mitbewohner Ansgar auf. Der Herr Schriftsteller hört die Flöhe husten und terrorisiert mit seiner Sensibilität beizeiten unsere eigentlich behagliche Wohngemeinschaft. Ganz anders Olaf, der Dritte im Bunde: Er schult gerade von Krankenpfleger auf Bibliothekar um und würde auch dann weiterschlafen, wenn ich seine Tür aufreißen und mich neben ihn ins Bett schmeißen würde. Nicht, dass ich das schon mal gemacht hätte – es ist nur einer dieser verpeilten Gedanken, die mir um diese Uhrzeit durch den Kopf schießen.

Mit Frau Bernstein an meinem linken Bein wanke ich in die Küche, um zu sehen, ob noch etwas von dem Nudelauflauf übrig ist, den Olaf gestern mit seiner Freundin gekocht hat. Das ist ja immer das Spannende in so einer WG: Die Nahrungsmittel-Spekulation. Und Bingo! Im Ofen findet sich noch eine solide Portion. Kalt schmeckt das sicher auch und ich erspare meinen Mitbewohnern das »PING« der Mikrowelle. Ich will mich gerade mit der Auflaufform in mein Zimmer zurückziehen, da höre ich einen Schlüssel im Schloss und die Tür quietscht erneut erbärmlich. Ansgar steht in einem Parka in der Diele und sieht mich aus kleinen, glasigen Augen an: »Was ist denn mit dir?«, fragt er. »Kannst du nicht schlafen?«

Ich lächle bloß. Es ist offensichtlich, dass Ansgar nicht vom Joggen kommt. Ich frage mich, wo man in unserer nicht besonders großen Stadt an einem Dienstag bis sieben Uhr früh Getränke gereicht bekommt. Aber da hat der Herr offenbar seine Kontakte.

Ansgars Blick fällt auf den Nudelauflauf. »Oder musst du jetzt zum Dienst?«, fragt er scheininteressiert, bevor er die eigentliche Frage nachschiebt: »Ist noch Nudelauflauf übrig?« So geht es zu im WG-Leben: Eben noch den Futter-Jackpot geknackt, wird der Gewinn ein paar Augenblicke später schon wieder halbiert.

Der Nachtdienst hatte es in sich: Reanimation hier, Misch-Intox[23] da, kalt gewordener Milchkaffee im Sozialraum des Pflegeteams – eine Katastrophe jagte die nächste. Aber all das beschäftigt mich jetzt bereits nicht mehr. Der Blick aus dem Fenster meines Zimmers ist sagenhaft. Die Sonne geht hinter dem bewaldeten Hügel auf. Schon jetzt ist der Himmel blau und es zeigt sich kein Wölkchen. Ich öffne das Fenster und genieße die frische, klare Morgenluft. Ein Schaf blökt aus der Ferne. Ich blöke zurück, habe aber in meinem übermüdeten Zustand vergessen, dass ich vorher Nudelauflauf in meinen Mund geschaufelt habe. Der fällt jetzt teilweise wieder dort heraus auf mein T-Shirt. Eine Elster lacht mich aus. Während ich nach der Rolle mit Papiertüchern angele, die immer auf meinem Schreibtisch bereitsteht, damit Frau Bernstein ihre Haarballen nicht auf meinen Teppich, sondern auf die von mir im Hechtsprung vor ihr platzierten Servietten spuckt, versuchen meine Augen meinem Hirn etwas mitzuteilen. Als die Information endlich ankommt, bin ich verwirrt: Ein Bushaltestellenschild steht in unserem Garten. Vielleicht sind vier Nachtdienste in Folge doch zu viel für eine Frau, die ins mittlere Alter kommt.

»Martin-Luther-Allee«, lese ich Frau Bernstein vor. Verdammt. Ich bin mir sicher, dass es in unserer katholischen Stadt keine Martin-Luther-Allee gibt. Es fährt ein Bus nach Nirgendwo. Spinn ich jetzt endgültig?

Es klopft zaghaft an meiner Tür. Es ist Ansgar, der mich nach einer Aspirin-Tablette fragt. Der kluge Mann baut vor. Auch privat lautet mein Credo: Fördern und fordern. Daher verspreche ich dem Dichter und Denker, dass er eine Tablette bekommt, wenn er mir sagt, ob auch er ein Bushaltestellenschild in unserem Garten sieht.

»Ach das«, sagt er. »Das haben die vom Altenengel wegen der Demenzkranken aufgestellt.«

Altenengel. Demenzkranke. Irgendein Datensatz wandert von meiner Festplatte in den Arbeitsspeicher. Richtig! Neulich wurde im Erdgeschoss eine Altenbetreuung eröffnet. Und weil Demenzerkrankte schnell das Fernweh packt, fühlen sie sich neben einer Bushaltestelle wohl, ohne aus diesem ummauerten Garten tatsächlich auszubüxen. Spitzentrick.

Ich stehe noch eine Weile mild lächelnd am Fenster und blicke in den Garten. Nach einem Nachtdienst fühle ich mich oft wie mit Watte gefüllt, entrückt und träge.

Nachtdienste haben eine spezielle Atmosphäre. Das liegt vor allem daran, dass dann Nacht ist. Klar. Spulen wir noch einmal zehn Stunden zurück: Als ich das wuchtige Krankenhausgebäude am Waldrand betrete, ist es schon dunkel und ein gelber, fast voller Mond steht am Himmel. Wie immer lasse ich mir erst einmal von den Spätdienst-Kollegen die aktuellen Infos zu den Patienten geben, die ich zu betreuen habe. Eine Übergabe, wie sie auch zwischen Früh- und Spätdienst stattfindet. Außer mir sind noch drei andere Nachteulen auf der Station. Als wir die Kollegen vom Spätdienst verabschiedet haben, errechnen wir die Zwischenbilanzen unserer Patienten. Worum es dabei geht, lässt sich auf einen Satz herunterbrechen: Ist zu viel oder zu wenig Flüssigkeit in den jeweiligen Menschen rein- bzw. aus ihm rausgelaufen?

Da ist zum Beispiel Frau Hestermann, die an einer globalen Herzinsuffizienz[24] leidet und deren Flüssigkeitsbilanz zu sehr ins Plus geraten ist. Sie braucht ein entwässerndes Medikament, weil – vereinfacht gesagt – ihr Herz die überschüssige Menge an Flüssigkeit nicht schnell genug transportieren kann, so dass sie sich zurück in die Lungengefäße staut. Durch die Flüssigkeit entsteht ein brodelndes Atemgeräusch, das ein bisschen so klingt, als würde Darth Vader unterm Helm mit Erbsensuppe gurgeln. Von den Lungengefäßen schwappt die Soße zurück in die Peripherie, wo sie sich hauptsächlich in Armen und Beinen ablagert, und zwar als Ödeme[25]. Und Obacht! Das Diuretikum[26], das wir zumeist benutzen, schwemmt auch Kalium aus dem Körper – und wenn zu wenig Kalium im Körper ist, kann es schnell zu Herzrhythmusstörungen kommen. Also werden auch die Elektrolytwerte[27] überprüft.

Routinemäßig geht es weiter: Ich richte die Medikamente her, die ich in der Nacht noch verabreichen muss, damit sie griffbereit an den Bettplätzen der Patienten stehen. Ich wünsche denen, die noch wach sind, eine gute Nacht, und schließlich drehen wir vier Kollegen noch eine Runde und helfen uns gegenseitig, die Patienten zu lagern, die das nicht in ausreichendem Maße allein tun können. Wie man sich bettet, so liegt man, und eine schlechte Position kann nicht nur sehr unangenehm sein; sie kann auch dazu führen, dass sich ein Patient wund liegt.

Auf der Runde komme ich auch zu Frau Siebert. Sie ist vor wenigen Minuten aus der Narkose aufgewacht und noch nicht so ganz im Hier und Jetzt.

»Die Kartoffeln«, sagt sie.

»Die Kartoffeln«, wiederhole ich aufmunternd.

»Wie lange kochen die denn schon?«

»Sie möchten wohl gerne wissen, wie lange die Kartoffeln schon kochen?«

»Ja.«

Mist, sie hat einfach »ja« gesagt. Jetzt scheint mir auch das aktive Zuhören nach Carl Rogers nicht weiterzuhelfen. Allerdings weiß ich mittlerweile, was hier los ist. Der Aqua-Behälter[28] blubbert, als koche etwas auf dem Herd. Ich zeige Frau Siebert, was los ist, und sie nickt dieses Nicken, das alles und nichts heißen kann. Keine Ahnung, ob sie mittlerweile kapiert hat, dass sie im Krankenhaus liegt und nicht daheim in ihrer Küche.

Schließlich mache ich die Lichter aus: in den Patientenzimmern und im Flur, an der Theke, an der wir die Medikamente richten, und in dem kleinen Labor für Blut-Gas-Analysen, das wir auf unserer Station haben. Wenn ich sage, ich mache die Lichter aus, dann bedeutet das allerdings nicht, dass es dunkel wird. Es gibt eine schummrige Nachtbeleuchtung im Flur. In Thrillern gibt es ja auch immer noch ein schummriges Licht, nachdem plötzlich die Neonröhren in einem langen, kahlen Flur der Reihe nach ausgegangen sind. Die Zuschauer wollen schließlich sehen, wie die Frau in den unpraktischen Pumps läuft, sich umblickt und kreischt. Und wir NachtdienstlerInnen wollen sehen, wo wir hinrennen, falls ein Krisenalarm losgeht.

Wer mehr auf Science-Fiction steht, freut sich vielleicht darüber, dass auch die Monitore und andere Gerätschaften in den Patientenzimmern einen matten Lichtschein absondern. Dieses Licht ist allerdings zu schwach oder zu punktuell, um genug erkennen zu können. Wenn es in den Zimmern noch etwas zu erledigen gibt, geistern wir deshalb mit Taschenlampen herum, was wiederum den Krimifreunden gefallen dürfte.

Bis Mitternacht sind wir vollauf beschäftigt. Zur Geisterstunde gibt es noch mal die große Antibiosen-Runde[29]. Danach können wir in die Pause gehen, und weil Maria im Dienst ist, erwartet uns der beste aller Milchkaffees, mit frisch aufgeschäumter Milch und Espresso aus einer Cafetière. Dass Maria heute da ist, habe ich schon gleich zu Dienstbeginn am Elefantenfuß gemerkt. Maria ist sehr klein und wenn sie Dienst hat, wandert ein Elefantenfuß mit ihr durch die Patientenzimmer. Den braucht sie, um an die hoch oben hängenden Infusionen zu gelangen.

Mein Milchkaffee basiert auf entkoffeiniertem Espresso, und das nicht deshalb, damit ich danach sofort schön einschlafen kann. Geschlafen wird natürlich erst nach dem Nachtdienst. Ich verzichte auf das Interessanteste am Kaffee, weil ich in homöopathischer Behandlung bin und mein Mittel durch Koffein antidotiert[30] werden würde. Jaja, ich weiß: Wie soll etwas Wirkungsloses an Wirkung verlieren? Ich als Intensiv-Schwester müsste eine entschlossene Verfechterin der guten, alten Schulmedizin sein. Ich sollte mir die soliden, doppelblind getesteten Produkte der Pharmaindustrie reinpfeifen und nicht winzige Zuckerkügelchen, in denen man nicht mal mehr einen Fitzel des Wirkstoffes nachweisen kann. Ich will hier nicht weit ausholen. Nur so viel: Erstaunlich viele meiner Kolleginnen und Kollegen greifen bei bestimmten Beschwerden auf homöopathische Mittel zurück.

Einer meiner Kollegen arbeitet sogar hauptberuflich als Heilpraktiker. Aber psst!

Als die frisch aufgeschäumte Milch in den hohen Gläsern knistert und der Espresso eine dunkle Schicht zwischen der Schaumhaube und der Milch weiter unten bildet, kommt ein Anruf der Dienstärztin, die eben noch mal kurz in die Ambulanz gerufen wurde: »Ich komme jetzt mit einem Patienten hoch, Verdacht auf Herzinfarkt, macht doch schon mal einen Heparin-Perfusor[31] klar, Aspisol[32] hat er schon intus.«

Im Nachtdienst gibt es zwar keine Visiten oder geplante Eingriffe und Diagnostiken wie in der Tagschicht, aber in Notfällen fahren wir auch nachts das volle Programm inklusive Bronchoskopien[33], CT-Fahrten[34] und Gastroskopien[35].

Seufzend stehen wir auf, schieben ein Bett in die Aufnahmeschleuse, richten Medikamente, knipsen das Licht in dem Patientenzimmer an, in dem noch ein freier Platz ist, klappen den Sichtschutz vor einem Menschen aus, der uns wie ein im Bau aufgestörter Dachs anblinzelt, und dann öffnet sich auch schon die Schiebetür und eine Schwester aus der Ambulanz schiebt mit der Ärztin zusammen die Transportliege neben das Bett. Als sich die Schiebetür wieder automatisch schließt, sehe ich noch kurz eine Frau mit zerwuschelter Frisur und großen, erschrockenen Augen in einem blassen Gesicht. Offenbar wollte sie noch mit hinein. Das Team hilft dem drahtigen Neuankömmling – Typ Sky du Mont[36] –, möglichst unangestrengt in sein Patientenbett herüberzurutschen, und ich öffne noch mal die Tür, um nach der Frau zu sehen.

Die Angehörigen, die vor unserer Station warten, sind oft ängstlich und angespannt, aber in der Nacht wirken sie besonders zerbrechlich und aufgewühlt. Aus dem Schlaf gerissen zu werden, weil der Ehemann in Todesangst aufstöhnt, als hocke ihm ein

Nachtmahr auf der Brust und greife mit eisiger Klaue nach dem Herzen – das ist verstörend.

Ich gebe der Frau die Hand. Sie heißt Blum und ist trotz der nachtschlafenden Zeit und der besonderen Situation zurechtgemacht. So in etwa stelle ich mir die Chefredakteurin der »Gala« in einem weniger fotogenen Moment vor: Blass und erschrocken, aber noch immer ganz große Dame. Ich erkläre ihr, dass ihr Mann einen Herzinfarkt hat und was wir nun mit ihm machen. Nachweislich beruhigt es die Menschen am meisten, wenn sie das Gefühl haben: Die wissen, was sie tun. Die Situation ist unter Kontrolle. So was kommt ständig vor, wir sind hier keine Ausnahme.

Der Zustand des Patienten stabilisiert sich schnell, vor allem, weil wir seine Schmerzen sofort medikamentös lindern können. Das verringert nebenbei auch die Angst, was wiederum den Gesamtzustand verbessert. Die Ärztin telefoniert schon mit einem anderen Krankenhaus, das zeitnah einen Herzkatheter machen kann. Sie findet einen Platz für ihn und bestellt schon den Notarzt zur Verlegung, als ich Frau Blum draußen abhole und zu ihrem Mann bringe. Erst als sie ihn sieht und ein paar Sätze mit ihm wechseln kann, taucht hinter der Schreck-Maske das eigentliche Gesicht der Frau auf: ein selbstzufriedener Biber.

Als wir in unseren Sozialraum[37] zurückgehen, stehen dort fünf kalt gewordene Milchkaffee mit mickrig zusammengesunkenem Schaumrest obendrauf. »Schade«, sagt Angie, die Dienstärztin. Dann klingelt ihr Telefon, sie wird in der Ambulanz gebraucht.

Der fliegende Wechsel zwischen Früh-, Spät- und Nachtschicht hat Folgen. Böse Folgen. Genaugenommen ist das Ergebnis eine körperliche, seelische und soziale Katastrophe. Ich habe das Phänomen in medizinischem Jargon maligne Bio-Arrhythmie getauft:

bösartiges Durcheinander des Lebens. Bei diesem Krankheitsbild kann sich der Körper – dieser alte Gewohnheitsspießer – nur darauf verlassen, dass er sich auf nichts verlassen kann. Was eben Morgen war, ist jetzt Mittag. Was vor drei Tagen die Zeit war, um ins Bett zu gehen, ist jetzt die Zeit für die erste Arbeitspause. Wenn's ganz dick kommt, fühlt sich das so an, als ob sich auf der inneren Uhr die Zeiger in entgegengesetzte Richtungen drehen.[38]

Hatten Sie schon mal frühmorgens Lust auf Pizza und Bier? Ich spreche hier nicht von diesem bestimmten Typ Mann, der zu jeder Tageszeit Lust auf Starkbier und Schnitzelpizza hat – oder zumindest so tut. Ich rede von Menschen mit einem gesunden Körpergefühl. Also nicht von mir selbst, denn bei mir ist jeder Rhythmus aus dem Ruder. Ich weiß oft nicht mehr, ob ich gerade Hunger habe oder nur denke, dass ich jetzt Mittagspause machen müsste, obwohl gerade Mitternacht ist.

Ich gebe ja zu, dass ich auch ohne Schichtdienst zu einem nonchalanten Ess- und Bewegungsverhalten neige, also durchaus auch mal eine Schale Erdnüsse vor dem Rechner gedankenlos in mich reinfuttere und Sport für eine eher unnatürliche Praxis halte, die im Dritten Reich unter dem Motto »Kraft durch Freude«[39] zur Erhaltung des deutschen Volkskörpers entwickelt wurde.

Trotzdem: Eine regelmäßige, ausgewogene Ernährung wird durch ständig wechselnde Arbeitszeiten wirklich zum Problem. Auch der Besuch von Sportkursen wird nicht gerade erleichtert. Ein Yogakurs zum Beispiel macht mir einfach keinen Spaß, wenn ich mit Feuereifer einsteige und dann drei Wochen nicht teilnehmen kann, weil Spät- und Nachtdienste dazwischenfunken und ich beim nächsten Termin feststellen muss, dass die anderen Kursteilnehmer schon viel verknoteter und viel entspannter sind als ich.

Sicher gibt es die disziplinierte Superschwester, die sich nur von Birchermüesli und Kohlrabispalten mit Himbeer-Essig-Vinaigrette ernährt, und zwar – trotz Schichtdienst – zu eisern festgesetzten, immer gleichen Zeiten. Die disziplinierte Superschwester joggt dreimal in der Woche, und zwar zum Fitnessstudio: Dort workt sie out, dass die Schwarte kracht, und das selbstredend nach einem geschmeidigen Zeitplan, der sich immer zusammen mit ihrem Dienstplan verschiebt. Ach, und sie fährt natürlich mit dem Rad zum Dienst, die geile Sau. Wenn das der eine Schwesterntypus ist – ich bin der andere.

Abgesehen von dem unsteten Ess- und Schlafrhythmus lebe ich, zumindest nach den Nachtdiensten, in einem handfesten Jetlag. Mal fühlt es sich so an, als ob ich etwa dreißig Zentimeter aus meinem Körper herausgerutscht bin und als Geist neben mir herschwebe, mal fühle ich mich wie unter einer Glocke aus einlullendem Gas oder wie ein Wels, der auf dem schlickigen Boden eines Tümpels herumgründelt. Die Welt ist in diesen Zeiten kulissenhaft und weiter weg. Wie ein fremdgesteuerter Roboter laufe ich durch eine simuliert wirkende Umgebung und fange manchmal an, auf Gegenstände zu drücken, weil ich denke, dass ich die brauche, um ein Rätsel zu lösen. Das liegt an den Wimmelbildspielen. Ich spiele diese Computerspiele, um mein Gehirn an die dumpfe Trägheit meines Körpers anzupassen. So kann es also sein, dass ich gerade den Fluch der Londoner Mumie brechen muss, indem ich in einer vollgeramschten Villa Tabakspfeifen, Waschbären, Nudelhölzer und allerlei anderen Firlefanz aufstöbere, und mir plötzlich einfällt, dass ich nicht nur in der finsteren, viktorianischen Villa aufräumen muss, sondern auch WG-Putzdienst habe. Ich schnappe mir also den Staubsauger und starte munter im Wohnzimmer. Als ich in Richtung Zimmertür sauge, stehen dort plötzlich Frau Bernstein und Ansgar in ungewohnt trauter Eintracht und glotzen mich mit einer Mischung aus Missmut und Unglauben an.

»Sag mal, Karla, weißt du eigentlich, wie spät es ist?« Erst jetzt fällt mir auf, dass es draußen dunkel ist. Ich hatte heute gar keinen Früh-, sondern einen Spätdienst, und es ist nicht 18.00, sondern 2.00 Uhr.

Ansgar sieht zusammen mit der Katze merkwürdig zweidimensional aus: wie eine Type aus einem Point-and-Click-Adventure, aber mir will partout nicht einfallen, was ich ihn fragen könnte, um den Aufenthaltsort der verdammten Mumie herauszufinden.

Da ich regelmäßig einen Jetlag habe, spreche ich auch gerne vom Paris-Hilton-Syndrom. Das klingt glamourös und die Parallelen zwischen mir und dem High-Society-Girl springen jedem gleich ins Auge: Genau wie das gute Kind bin ich in den letzten Jahren aus Raum und Zeit herausgefallen und existiere seitdem in einem Paralleluniversum. Von einem beständigen, bürgerlichen Sozialleben lässt sich weder bei Paris noch bei mir reden. Und auch von mir kursierte vor Jahren ein aufregendes Sexvideo im Netz. Kleiner Scherz. Ernsthaft: Wenn ich frei habe, sind andere auf der Arbeit. Wenn andere zum Abendessen laden oder Frauenstammtische abhalten, bin ich im Krankenhaus oder maximal in der Lage, ein Glasauge, eine Pfauenfeder und ein Akkordeon aus einem Haufen voller Krempel herauszuklicken. Von alleine löst sich das Mumienproblem schließlich nicht. Tja, und wie bei Frau Hilton versiegen auch etliche meiner kreativen Energien im Sand meiner Berufung: Sei es die Theatergruppe, sei es die Band, in der ich gesungen habe – früher oder später klappt das mit den Proben einfach nicht oft genug.

Und noch eine Gemeinsamkeit habe ich mit der Hotelerbin

und anderen Promis: Mein Beziehungsleben gestaltet sich kompliziert bis gar nicht. Mit meinem letzten Freund waren die Wochenenden ein Dauerthema. Das wäre vielleicht etwas für die Neon: Reizthema Weekend – wenn sie nicht will, wie er so will. Ich wollte nicht jedes zweite Wochenende komplett für meinen Freund einplanen, sondern auch mal mit der besten Freundin quatschen, zu einer sporadischen Bandprobe gehen oder allein daheim rumgammeln. Es war zwar sachlich sehr einfach zu erklären, dass ich das nicht am nächsten Wochenende tun konnte, weil das mein Dienstwochenende war, aber emotional gab es Verständigungsschwierigkeiten. *Er* hatte ja alle zwei Wochen ein pärchenfreies Wochenende, das musste doch reichen. Für ihn.

Neunmalkluge Beziehungsexperten werden jetzt darauf hinweisen, dass da aber noch was anderes im Argen gelegen haben muss, wenn ich a) nicht freiwillig jedes Wochenende meinem Süßen widmen wollte oder b) wir darüber nicht so kommunizieren konnten, dass sich letztlich alle wohl und verstanden fühlen. Ich tendiere zu c): Leckt mich doch alle am Arsch.

Ich kenne ein paar Paare, bei denen beide Partner in der Pflege arbeiten. Da wird es dann richtig interessant. Erst nehmen sie sich die gleichen Wochenenden frei, aber wenn sie dann eine Familie gegründet oder zumindest einen Hund angeschafft haben, dann planen sie sich entgegengesetzte Dienste, damit Hund oder Kind gut versorgt sind. Manchmal habe ich den Verdacht, dass diese Beziehungen auch deswegen so lange halten, weil sie zu einem großen Teil aus an den Kühlschrank geklebten Nachrichten bestehen.

Ich will nicht verschweigen, dass der Schichtdienst auch einige Vorteile mit sich bringt. So brauche ich für Arztbesuche keinen freien Tag oder muss mich nachmittags in übervollen Wartezimmern herumdrängeln. Ich mache einfach einen Termin morgens vor meinem Spätdienst oder an einem Wochentag, den ich frei habe. Ich bin nicht auf den einzigen Tag angewiesen, an dem das Amt nachmittags Sprechstunde hat, und ich kann Mittwochvormittag durch die Innenstadt schlendern und dabei wild mit den Armen rudern, weil so viel Platz in der Fußgängerzone ist. Und dann denken die wenigen Passanten: »Scheiße, da ist wieder die durchgeknallte Krankenschwester, die wild mit den Armen rudert, bloß weil jetzt mal so viel Platz dafür ist.«

Außerdem habe ich dank meines undurchsichtigen Dienstplans immer eine Ausrede. Wenn andere Menschen keine Lust auf einen Besuch bei Tante Margot haben oder nicht in die alljährliche Heilig-Abend-Hölle einkehren wollen, dann müssen sie sich was einfallen lassen. Da stirbt der süße Hund der Tochter bis zu drei Mal im Jahr und der Norovirus geht öfter um als der Plumpsack in der KITA *Altstadt-Früchtchen*, die obendrein verdächtig oft geschlossen hat. Meine Ausrede ist immer die gleiche: »Ich habe Dienst.« Und sollte mal jemand skeptisch nachhaken, dann füge ich mit leicht vibrierender Stimme hinzu: »Ich helfe Menschen, ich rette Leben. Ich habe Dienst.«

Neben diesen eher pragmatischen Erwägungen hat der Schichtdienst auch andere Reize: Man gerät automatisch in die Gesellschaft von Kleinkünstlern, Köchen, Kurtisanen und Tagedieben aller Art. Na ja, zumindest fühlt es sich manchmal so an und es liegt natürlich am Naturell, ob man das reizvoll findet. Vielleicht ist dieser Gedanke auch nur eine Masche von mir, um mir Dinge schönzureden, die in erster Linie anstrengend sind. Trotzdem: Wenn ich nach einem Nachtdienst nach Haus fahre, der aufgehenden Sonne entgegen, dann fühle ich mich glücklich. Ich liebe es, an einem Sonntagmorgen die Straße zu mir nach Haus mit dem Auto herunterzurollen, das Seitenfenster weit geöffnet, damit ich munter bleibe. Ich bin für ein paar Minuten ganz alleine in der Landschaft, und nach einer sanften Kurve sehe ich einen grünen Wiesenhang, gerahmt von ein paar Bäumen und rosa Wölkchen, die von unten golden glänzen, weil sie schon von der Morgensonne am Bauch gekitzelt werden. Dann stehe ich an der roten Ampel vor diesem Panorama, blinzele mit meinen Grottenolmaugen in das Stück des Sonnenkreises, das hinter den Bäumen hervorkommt, und werde plötzlich aus dieser erfüllenden Betrachtung gerissen, weil hinter mir jemand hupt. Vielleicht ein Schichtdienstler in ganz anderer Stimmung.

Endlich liege ich im Bett. Ansgar hat seine Pille bekommen. Die Nudelauflaufform steht leergelöffelt auf meinem Schreibtisch. Die Katze hat sich in ihrer Deckenmulde zusammengerollt. Alles ist gut. Jetzt nur noch einschlafen. Müde genug bin ich ja. Oder sollte es zumindest sein. Allerdings taucht da ein Gedanke auf, der mich wachhält. Morgen habe ich den nächsten Nachtdienst. Bis dahin sollte ich halbwegs ausgeschlafen sein. Es ist also echt wichtig, dass ich jetzt mal eindöse. Aber genau dieses Schlafen-Müssen macht mich unruhig. Es erinnert mich an die vielen Situationen, in denen ich im Bett lag und mir zurief: »Los, Karla, einpennen! Sofort! Morgen um 5.00 Uhr klingelt der Wecker zum Frühdienst!« Und es ist ja klar, was in solchen Drucksituationen nicht gelingt: sich fallen zu lassen und entspannt ins Reich der Träume zu gleiten. Stattdessen liege ich da und merke, wie eine Anspannung die innere Watte zu einem harten Klumpen verklebt und dann anfängt in den Extremitäten zu kribbeln. Meine Füße'fühlen sich bald an, als hätte ich sie in einen Ameisenhaufen gesteckt. Ich bin so angespannt, dass ich schreien und platzen könnte. Die Katze würde dumm aus der Wäsche gucken, wenn statt ihrer Karla nur noch ein Fetzenregen aus verklebter Watte übrigbliebe. In meiner Phantasie zähle ich Schafe, dann fange ich vor lauter Wut an, sie abzuknallen. Ein totes Schaf, zwei tote Schafe, drei tote Schafe. Das ist doch nicht gesund. Ich muss schleunigst von diesem Aggro-Trip runter. Also steuere ich mit autogenem Training gegen: Meine Arme sind ganz schwer und warm. Ganz schwer und warm. Und meine Füße kribbeln, als wären sie aus Sekt, verdammt!

Dass ich dann doch nach etwa einer halben Stunde einschlafe, hängt mit einem Trick zusammen, der manchmal klappt und manchmal nicht: Ich stehe auf und setze mich aufrecht an meinen Schreibtisch. Dann schlage ich das Buch »Der Alchemist« von Paulo Coelho auf, das dort schon bereitliegt. Ich ermahne mich, dass ich jetzt mindestens ein Kapitel daraus lesen muss. Und zwar konzentriert. So.

Schon nach einer Seite spüre ich eine aluminiumhafte, dann eine kupferne und schließlich eine bleierne Müdigkeit. Mir fallen die Augen zu. Jetzt nicht zu schnell und nicht zu langsam in die Federn huschen und ... Ich dämmere weg.

KRAWUMMS! Ein Tyrannosaurus Rex fräst sich brüllend durch den Boden meines Zimmers. Ich schrecke hoch und sitze sofort aufrecht im Bett. Der Katze geht es ähnlich, nur dass sie auf allen vieren auf dem Bett steht und mich ansieht, als wäre ich schuld an dem Höllenlärm. Kurz setzt das Geräusch aus, dann rattert es los, als führe der Russe durchs Gebälk. Na ja, Russe. Heutzutage ist es wohl eher ein deutscher Leopard-2-Panzer, der sich auf dem Weg nach Saudi-Arabien verfahren hat und nun in mein Zimmer rollt.

Was zum Teufel ist das? Ich stehe auf und treffe Ansgar im Flur. Er sieht aus wie ein vom Baum gefallener Wiedehopf mit zentimeterdicken Augenringen.

»Kernbohrungen«, stammelt er und muss es ein paarmal wiederholen, bis ich ihn verstehe. Jetzt kommt sogar Olaf aus seinem Zimmer geschlurft.

»Sach ma!«, sagt er in seiner freundlichen Art, wobei trotzdem eine gewisse Irritation mitschwingt. Unter uns bohrt gerade eine Al-Qaida-Einheit Löcher für Sprengladungen ins Zwischengeschoss und wir stehen hier tatenlos und leicht bekleidet in der Diele. Ansgar wedelt mit einem Zettel vor meiner Nase herum und reißt mich aus meiner Terroranschlagsphantasie, in der ein Haufen wehrloser Demenzkranker an einer Bushaltestelle steht und plötzlich in die Luft fliegt.

» … möchten wir Sie darauf hinweisen, dass es für ein bis drei Tage ein bisschen lauter werden kann«, liest Ansgar vor.

»Was werden kann?«, brülle ich zurück.

»LAUTER!«

Aus den »ein bis drei Tagen«, in denen es »ein bisschen lauter werden kann«, werden drei bis vier Wochen, in denen es immer wieder ohne Vorwarnung extrem laut wird. In der Stille dazwischen lauschen die traumatisierten Ohren überwach auf das kleinste Anzeichen, dass es gleich wieder losgeht.

Von den Bauarbeitern weiß keiner, wie lang das gehen wird, die machen hier nur ihren Job. Zum Beispiel in die Ecken des Gartens pissen und aus dem Garten in mein Zimmer hochgucken und sich an den Sack greifen. Das ist so Brauch.

Bauarbeiter und Heimwerker sind der natürliche Feind des Schichtdienstlers und aller anderen Menschen, die tagsüber eine Mütze Schlaf brauchen. Manchmal erscheint es sogar so, als ob sich überhaupt alle gegen uns Nachtarbeiter verschworen hätten. Tags wird ungeniert gelärmt, was das Zeug hält. Hunde bellen sich heiser, Laubbläser und Rasenmäher rattern durch die Rabatten. Kinder kreischen in den höchsten Lagen aus keinem anderen Grund als dem, das sie es nun einmal können. Die Feuerwehr testet ihren Alarm. Türklingeln schrillen, weil die Zeugen Jehovas noch Prospekte und interessante Ansichten übrig haben. Autos fahren schwungvoll gegeneinander. Danach wird wieder geschrien. Dann geht die Polizeisirene. Kurz: Irgendwas ist immer. Da hilft auch kein Ohropax.

Bohrt und sägt und schreit und hämmert, steppt und lamentiert nur herum! Klingelt und fragt, ob ich Vorurteile gegen vorbestrafte Raubkopierer ohne Migrationshintergrund habe. Aber vergesst nicht zu beten, damit ihr nicht bei alldem belämmerten Rumgezimmere einen Unfall habt, ins Krankenhaus müsst und an eine völlig übernächtigte Krankenschwester geratet, die nicht mehr zwischen 20 und 200 Milliliter unterscheiden kann. Eine Null zu viel oder zu wenig kann einen gewaltigen Unterschied machen.

4   Ärzte, Schwestern, Krankenpfleger –
Die lieben Kollegen

Als ich den Sozialraum der Intensivstation betrete, schauen mich
fünfundzwanzig Männer mit Fototermin-Lächeln an. Ihre Föhn-
frisuren sind dauergewellt. Ihre Augenbrauen enorm buschig.
Ein spitzer Eckzahn ragt jedem der fünfundzwanzig Mannsbilder
über die schmale Unterlippe. Es handelt sich fünfundzwanzig Mal
um das gleiche Bild vom gleichen Mann. Nein, ich habe nicht aus
dem Medikamentenschränkchen genascht, und ich schnappe auch
nicht über, weil mir der Schichtdienst endgültig ein biochemisches
Ungleichgewicht mit Psychosefolge beschert hat. Wenn hier einer
überschnappt, dann doch wohl derjenige, der fünfundzwanzig
Farbausdrucke dieses fremden Mannes in unserem Sozialraum
aufgehängt hat.

»Hübsch, nicht?«

Ich drehe mich um. Der ganze Türrahmen ist ausgefüllt von
unserem über zwei Meter großen Stationsleiter Christian. Er
schaut mich lächelnd an, zumindest soweit ihm das sein Silberblick
erlaubt. Mir geht es mit ihm wie mit der Mona Lisa: Nie trifft der
Blick wirklich, aber gleichzeitig irgendwie doch immer – egal von
wo man guckt.

»Wer ist das?«, frage ich.

»Professor Doktor Doktor Schlingkoch«, antwortet Christian in
einem ehrfurchtsvollen Flüsterton.

»Muss ich den kennen?«

»Oh ja, das ist unser neuer anästhesistischer Chefarzt.«

Christian freut sich über die irritierten Blicke seiner Kollegen und Kolleginnen, die im Sozialraum eintrudeln.

»Darf ich vorstellen: Professor Doktor Doktor Schlingkoch!« Christian präsentiert jedem Neuankömmling den Fotoausdruck. »Jetzt erkennt ihr ihn direkt, wenn er nächsten Montag auf die Station kommt.«

Ich rupfe eines der DIN-A4-Blätter von der Wand, um mir das Gesicht darauf genauer anzusehen.

»Der wirkt ganz schön dominant«, sage ich. Diese Feststellung treffe ich nicht aufgrund meiner einzigartigen Profiler-Gabe, die mich in Fotos festgehaltene Mikro-Gesichtsausdrücke lesen lässt, sondern aufgrund der Altersangabe, die ebenfalls auf dem Foto zu finden ist. Ich gehe einfach davon aus, dass jemand, der mit einundvierzig Jahren Chefarzt ist, nicht gerade zu den schüchternen Grüblern und zurückhaltenden Leisetretern gehört.

»Ja, kann schon sein«, antwortet Christian. »Vielleicht ist es da eine gute Idee, ihn am Montag hier zu begrüßen, indem wir ein Spalier mit Steckbecken[40] bilden.« Christian hat die Gabe, solche Vorschläge genauso ernsthaft vorzutragen wie tatsächliche Dienstanweisungen. Vielleicht macht er deswegen den undankbaren Job als Stationsleiter der Intensiv so gut. In der Sandwich-Position zwischen Pflegedienstleitung und dem Pflegeteam kann er ein Pokerface gut gebrauchen.

Es braucht keine zwei Stunden mit dem neuen Chefarzt auf unserer Station und ich sehe mein Vorurteil bestätigt. Wenn er lacht, dann lacht er lauter als alle anderen, wenn er spricht, dann spricht er lauter als alle anderen. Und eigentlich sollen die anderen so gut wie gar nicht sprechen. Ein knappes »Gerne«, »Sofort« oder »Aye, aye, Sir« reicht in den meisten Fällen doch völlig aus.

Bereits an seinem ersten Arbeitstag überführt Schlingkoch die diensthabende Stationsärztin der Anästhesie vermeintlichen Nichtwissens.

»Nein, nein, nein«, sagt er lächelnd zu ihren Ausführungen. In seiner Stimme schwingt unter dem humorigen Tonfall etwas Bedrohliches mit. Die etwas übergewichtige Stationsärztin wiederholt ruhig ihre Position, aber Schlingkoch schüttelt nur mit geschlossenen Augen den Kopf. Dabei lächelt er weiter. Dann reißt er plötzlich die Augen auf, wobei seine enormen Augenbrauen nach oben schnellen, und unterbricht die Kollegin: »Etwas anderes: Die Ohrringe stehen Ihnen sehr gut. Damit erinnern Sie mich an diese Schönheit auf dem Rubens-Bild.«

Ich beobachte die Szene aus dem Augenwinkel und bin froh, dass der Chefarzt nicht mein Chef ist. Die Ärzteschaft ist zwar weisungsbefugt gegenüber den Pflegenden und wir haben auch eine gewisse Durchführungspflicht, aber die Vorgesetzten der Pflege, das sind die Pflegedienstleitenden oder die Pflegedirektionen, zumindest in den meisten mir bekannten Krankenhäusern.

Professor Doktor Doktor Schlingkoch jedenfalls kehrt in den folgenden Wochen und Monaten immer mehr den Silberrücken raus. Oft stehe ich halb tagträumend bei den Chefvisiten am frühen Morgen dabei und warte darauf, dass er sich auf seinen Brustkorb trommelt und den kleinen Assistenz-Affen sein eindrucksvolles Gebiss zeigt.

Ich habe mal einen Artikel gelesen, der sich mit Dominanzgebaren beschäftigte. Im Tier- und Menschenreich gibt es etliche Verhaltensformen, die die Rangfolge klarstellen sollen. Dazu gehört bei Menschen auch so etwas scheinbar Harmloses wie das Türaufhalten. Dabei werde nämlich laut dem Artikel nicht nur eine höfliche Geste vollführt, sondern auch festgelegt, wer eigentlich darüber bestimmt, wer wann wo durch welche Tür geht. Die Hells Angels wollen ja auch keine Discos besitzen, sondern lieber die Jobs als Türsteher von Discos haben. Dann wissen sie nämlich, ob auch die richtigen Dealer reingelassen werden.

Das muss ich natürlich bei der nächsten Gelegenheit überprüfen: Ich begegne Herrn Prof. Dr. Dr. Schlingkoch glücklicherweise im Treppenflur zu unserer Station und gehe deutlich schneller, damit ich vor ihm an der Türe ankomme. Freundlich lächelnd halte ich sie ihm auf und zeige mit der Hand in die Richtung, in die er hindurchgehen soll. Er bleibt stehen, lächelt nicht minder freundlich und fasst über meinen Kopf hinweg an die Tür und hält sie nun auch auf.

»Geh'n Sie nur«, sagt er jovial.

Ich antworte so bescheiden wie dienstbeflissen: »Nein, nein, Sie haben es sicher eiliger als ich!«

Schlingkoch beginnt, mit seinem großen Arm vor mir herumzuwedeln, als ob er mich mit genug Wind in die richtige Richtung wedeln könnte. Aber ich bleibe einfach stehen und lächele nett.

Ich weiß nicht, wie lange wir noch so gestanden hätten, wenn nicht ein anderer Chefarzt, der in meinen Tierreich-Metaphern ein langarmiger, versonnener Orang-Utan ist, freundlich grüßend durch die offene Tür an uns beiden vorbeigeschlendert wäre. Schlingkoch trifft in dem Moment eine Entscheidung. Es gibt wichtigere Personen, denen man die Tür aufhalten sollte, als einer sturen Krankenschwester. Beinahe meine ich in seinem Gesicht zu sehen, wie meine Präsenz aus seiner Wahrnehmung herausgefiltert wird. Es existiert gar keine sture Krankenschwester, basta. Dann geht er zackigen Schrittes durch die Tür und schafft es noch, dem Akademiker-Kollegen die Tür aufzuhalten, indem er sich mit ihm in den Türrahmen schiebt und die Tür weiter aufdrückt.

Vielleicht ist Prof. Dr. Dr. Schlingkoch in manchen Bereichen seines Lebens auch einfach Herr Schlingkoch, aber im Krankenhaus legt er Wert auf seine hart erarbeiteten Titel.

Es ist ein sonniger Montagmittag als Assistenzarzt Ahl einen Anruf für Schlingkoch entgegennimmt: »Ja, hier Ahl für Herrn Schlingkoch.«

In diesem Augenblick kommt Bewegung in die Szene: Schlingkoch steht plötzlich neben Ahl und greift ungeduldig nach dem Hörer. Gleichzeitig schiebt sich eine grau-schwarze Wolke so vor die Sonne, dass Schatten über die Stationswände kriechen. Schlingkoch deckt den Telefonhörer an der Sprechmuschel mit einer Hand zu und fährt Ahl an: »Professor Schlingkoch! So viel Zeit muss sein, Herr Ahl!«

Ich traue meinen Ohren nicht. Unserem Chefarzt sind solche Sätze tatsächlich nicht peinlich. Ahl bleibt ruhig und antwortet in gemütlichem Schwäbisch: »Doktor Ahl, so viel Zeit muss sein, gell.«

Damit lehnt sich Ahl weit aus dem Fenster. Er kennt den Verhaltenskodex in Krankenhäusern so gut wie Schlingkoch. Ein Doktor fordert einen Professor nicht auf, ihn mit seinem Titel anzusprechen. Professor sticht Doktor im Krankenhausquartett. Deswegen verbreitet sich die Erwiderung von Ahl auch so schnell über den Flurfunk durchs ganze Haus, dass ihn die Nachricht schon überholt hat, als er unten in der Cafeteria zur Mittagspause ankommt und dort mit »Aha, der *Doktor* Ahl!« begrüßt wird.

Ahl ist ein cooler Hund, allerdings hat er einen Tick, der hin und wieder an den Nerven zerren kann. Wenn er einen Kugelschreiber in der Hand hat – und eigentlich hat Ahl immer einen Kugelschreiber in der Hand –, dann unterstreicht er jedes gesprochene Wort mit einem Klicken des Schreibgeräts. Anfangs waren es nur Sätze, an deren Ende er einen Punkt klickte. Dann weitete sich die Klickerei auf jedes Wort aus – zunächst nur auf seine eigenen, dann auf die Worte aller Gesprächsbeteiligten. Vielleicht bringt Ahl so irgendwelche inneren Dämonen unter Kontrolle, vielleicht arbeitet unser schwäbischer Doktor nebenbei auch als Kugelschreibertester und verdient sich etwas dazu, um bald ein Häusle bauen zu können.

Klicken hin oder her: Zumindest konnte Ahl sich schnell auf der Intensivstation integrieren und kommt mit allen personellen Zusammensetzungen klar. Das kann man nicht von jeder und jedem behaupten. Denn frischgebackene Ärztinnen und Ärzte haben es in einem Krankenhaus nicht gerade leicht. Während sich das Durchschnittsalter des Pflegepersonals von Jahr zu Jahr erhöht, scheinen die Uni-Absolventen immer jünger zu werden. Was geht wohl in dem Hirn von einem 1980 Geborenen vor? Fühlen sich die Jungspunde unwohl, wenn sie als Frischlinge auf die alten Hasen aus der Pflege treffen? Macht ihnen der Altersunterschied von manchmal fünfzehn, zwanzig oder gar fünfundzwanzig Jahren zu schaffen?

Die Einarbeitung für Neulinge ist kurz und nicht besonders umfassend. Ehe sie sich versehen, haben junge Männer und Frauen plötzlich Verantwortung für eine Intensivstation, auf der es um Leben und Tod geht. Gerade in der Nacht erreichen sie oft keinen Ober- oder Chefarzt und fühlen sich alleine gelassen mit einem Pflegepersonal, dessen Kompetenz sie nicht richtig einschätzen können.

Ich erinnere mich an die Ärztin Bianca, die mit blutunterlaufenen Augen neben mir stand und sagte: »Ich pack das einfach nicht.« Ich sagte ihr das, was man mir als Berufsanfängerin auch gesagt hatte. Aber sie packte es tatsächlich nicht: Ihre Skrupel und Selbstzweifel deuteten auf einen sensiblen, nachdenklichen Charakter hin – und der macht die Arbeit in einem Krankenhaus leider nicht unbedingt einfacher.

Da braucht es dann doch eher Typen wie Dirk. Ich erinnere mich noch gut an seinen ersten Auftritt – eine Szene wie aus *Emergency Room*: Ein smarter, blonder Bursche mit braunen Augen und einer sehr sportlichen Konstitution schiebt im Laufschritt ein Bett auf unsere Station. Durch einen Anruf wissen wir, dass jetzt ein Herzinfarkt aus dem Haus kommt. Frau Nolte hat auf der Inneren einen Herzinfarkt erlitten und muss nun zügig auf der Intensivstation behandelt werden.

Dirk kommt durch die Schleuse geprescht. Sein Kiefer ist ein Bild ärztlicher Entschlossenheit. Er wird diese Patientin retten wie Bruce Willis den Präsidenten der Vereinigten Staaten. Koste es, was es wolle.

Dirk ruft Julia und mir atemlos Anweisungen zu, während die alte Frau auf dem rasant geschobenen Bett mit weit aufgerissenen Augen zu erkennen versucht, wer da mit ihr Rennen fährt. Julia, die Mangaprinzessin, guckt erst den heranbrausenden Jungarzt, dann mich an. Dabei sieht sie so unbeteiligt und tiefenentspannt aus, dass sich ein herzhaftes Gähnen in ihrem unsubtil geschminkten Puppengesicht gut machen würde. Stattdessen sagt sie: »Alter, der geht mal ab!«

Aus Dirks Perspektive muss das so aussehen: Während er wie eine gesengte Sau den Stationsflur herunterjagt, stehen zwei Krankenschwestern entspannt da und betrachten ihn mit einer Mischung aus Skepsis und Amüsement. Die eine sieht beunruhigend gut aus, auch wenn man sie mit dieser avantgardistischen Frisur nicht mit zu den Eltern nehmen würde. Die andere hat schwarze Locken und geht jetzt ein paar Schritte auf ihn zu, um das Bett abzubremsen. Dafür bringt sie auch genügend Gewicht mit. Dirk kommt es so vor, als ob er in eine Schaumstoffwand fährt. Na ja, also fast. Und jetzt beugt sich die Moppelige auch noch seelenruhig zur Patientin herunter und begrüßt sie. Dabei legt sie eine Hand auf den Arm der Herzinfarkt-Patientin.

»Okay«, sagt Julia mit ihrer tiefen, leicht verlangsamten Stimme. »Einparken.«

»Die hat infarziert«, erregt sich Dirk. »Die muss ganz schnell ...«

»Jo«, sagt Julia. »Zimmer 3. Mit 10 km/h kommste hier aber nicht um die Kurve.

Wir bringen Frau Nolte in das Zimmer. Dirk stellt sich neben das Bett und redet sehr schnell und gewissenhaft auf uns ein. Ich überlege, ob er bald den Spitznamen *Mr. Machinegun* oder eher *Dr. Smart* tragen wird, entscheide mich dann aber für *Der süße Dirk*.

Julia nickt die ganze Zeit und sagt dann nur einen Satz: »Jetzt chill mal!«

Dirk scheint seinen Ohren nicht zu trauen. Dabei meint Julia es gar nicht böse. Sie weiß, wie wichtig jetzt eine ruhige, unaufgeregte Atmosphäre ist, und das ist nun einmal ihre Art zu reden. Hinter Dirks Stirn scheint sich ein Satz zu formieren: »Junge Frau mit dem Unterschichts-Piercing im Gesicht – ich bin Herr Doktor Süß und habe sechs Jahre Medizin studiert und ein praktisches Jahr absolviert und ich bin nun keinesfalls bereit, mir von einer suboptimal ausgebildeten Hauptschülerin vorschreiben zu lassen, wie ich ... äh ... aus diesem langen Satz wieder herauskomme, ohne mir die Zunge zu verknoten.«

Tatsächlich aber sagt Dirk etwas anderes: »Sie schreiben jetzt sofort ein EKG und dann benötige ich folgende Medikamente. Nämlich ... « In diesem Moment lässt ihn ein Geräusch in der Tür herumfahren. Wie durch Geisterhand rollt ein fahrbares EKG-Gerät herein. Obendrauf liegen die Medikamente, die uns der süße Dirk jetzt aufzählen wollte. Kurz scheint er sich zu fragen, ob er mit der Entschlossenheit seiner Anordnung das Gewünschte magisch herbeibeschworen hat, aber dann kommt die kleine Maria ins Blickfeld, die das Ganze pfeifend vor sich herschiebt.

Es wird noch Tage dauern, bis Dirk versteht, das nicht nur studierte Ärzte mit rosigen Wangen und blonder 3-Wetter-Taft-Frisur wissen, was bei einem Herzinfarkt zu tun ist. Und er braucht auch eine Weile, um sich daran zu gewöhnen, dass wir auf unserer Station die jungen Assistenzärzte duzen. Alles andere würde hier einfach albern wirken. Wobei: Albernheit ist natürlich kein Ausschlusskriterium für unsere Gepflogenheiten.

So könnte man es zum Beispiel als ausgesprochen albern bezeichnen, dass wir unsere alljährliche Urlaubsbesprechung tatsächlich in dem etwa 20 Quadratmeter großen Sozialraum veranstalten und noch nicht mal den Tisch in der Mitte herausräumen. Es ist zwar Ende November, aber der überfüllte Raum hat sich schon auf die durchschnittliche Körpertemperatur seiner Insassen aufgeheizt. Es ist tropisch warm. Feuchtigkeit tropft von der Decke. Vorher ist sie aus den Poren der eng Zusammengepferchten aufgestiegen. Dreißig Krankenschwestern und -pfleger teilen sich die achtzehn ins Zimmer gequetschten Stühle und Hocker und die Stehplätze an den Wänden. Das schweißt zusammen, im wahrsten Sinne des Wortes.

Frischluftzufuhr ist nur in homöopathischen Dosen möglich, denn das große Fenster am Ende des Raumes ist mit einer Leinwand verhängt, auf die eine PC-Fehlermeldung projiziert wird. Irgendein in der Pubertät stecken gebliebener Spaßvogel benutzt gerade die Leinwand, um mümmelnde Kaninchen, verformte Adler oder Kaugummi kauende Kappenträger als Schattenfiguren auftauchen zu lassen. Zumindest so lange, bis mich ein etwas gestresster Christian bittet, den Scheiß jetzt mal zu lassen.

Dass so viele Kollegen und Kolleginnen sich zu diesem Termin einfinden, macht deutlich, mit wie viel Nachdruck wir alle unsere Urlaubswünsche erfüllt sehen möchten. Marion zum Beispiel hat am Vormittag alles gegeben und einen duftig-lockeren Blechkuchen gebacken. Das ist klug, denn Unterzuckerung macht uns Urlaubsplaner nicht kompromissbereiter. Frau Braun, die Zwei-Liter-Kaffeemaschine, piept, weil der Kaffee fertig ist, und gibt damit das inoffizielle Signal zum Beginn der Verhandlung. Das offizielle Signal gibt Alexandra vom Leitungsteam mit einem einleitenden »So!«. Dann übernimmt Christian: »Wie immer bitte alle privaten Gespräche einstellen, damit wir konzentriert und so schnell wie möglich durchkommen.« Seine Stimme klingt tiefer als sonst. Vielleicht versucht er auf diese Weise, mehr Autorität auszustrahlen. Vielleicht liegt es aber auch daran, dass er gerade seine rechte Wange auf den Tisch gelegt hat, um das Kabel zwischen Beamer und Laptop in Augenschein zu nehmen. Offenbar gibt es mal wieder einen Wackelkontakt. Die Gespräche verstummen, die Fehlermeldung auf der Leinwand flackert an und aus und als zum vierten Mal die Projektion erscheint, ist auch die Fehlermeldung verschwunden. Zauberei!

Unser Team umfasst sechsundzwanzig Planstellen, die sich auf vierzig Teil- und Vollzeit-Beschäftigte verteilen. Und natürlich möchten alle auch einige Urlaubstage in den sonnigen Monaten haben. Die an die Ferienzeiten gebundenen Väter und Mütter im Team drängeln sich in den Monaten Juli und August. In Mai, Juni und September drängelt sich der Rest des Teams. Und jedes Jahr ist klar, dass jemand von seinem Urlaubswunschtermin zurücktreten muss, weil nur ein vorher von der Pflegedienstleitung errechneter Teil des Personals zur gleichen Zeit in Urlaub gehen kann, denn krank werden die Menschen immer und das Schild »Wegen Betriebsferien geschlossen« gibt es auf unserer Intensivstation nicht.

Während sich der Raum langsam aufheizt, kühlt die Stimmung eher ab. Jetzt gerade geht es um den Mai, einen besonders begehrten Monat, in dem man seinen Urlaub durch Feiertage noch etwas ausdehnen kann. Jeder hat so seine Art, mit der Situation umzugehen. Manche wählen die Alligator-Taktik: Sie stellen sich tot, um im richtigen Moment blitzschnell zuschlagen zu können. Andere blättern wie nervöse Kapuzineräffchen in ihren Kalendern und reden halblaut mit sich selbst: »Hmm. Ach, ach. Tja.«

Eine besonders gutmütige Krankenschwester verliert bereits nach wenigen Minuten die Nerven und bietet an, ihren gesamten Jahresurlaub im November zu nehmen. Eine imposante Löwenmutter fährt ihr in die Parade: »Veronika, jetzt warte doch erst einmal ab. Und denk auch mal an dich.« Die Löwenmutter wendet sich mir kopfschüttelnd zu und stößt einen Seufzer aus. Erstaunlicherweise riecht sie nicht nach roher Gazelle, sondern nach Nusskuchen.

So unterschiedlich der Umgang mit der Urlaubsplanung ist, so unterschiedlich sind die Charaktere, die bei uns in der Pflege arbeiten. Dennoch gibt es einige, die nicht nur wie Individuen, sondern zugleich wie Typen wirken; wie Stellvertreter einer ganzen Reihe spezieller Krankenschwestern und -pfleger.

Ich sehe mich im Raum um und versuche sieben herauszupicken, die in meinen Augen etwas Idealtypisches haben. Schließlich habe ich fünf Frauen und zwei Männer ausgewählt:

Die Resolute

Die Krankenschwester dieses Klischees ist entweder ein dralles Luder oder eine strenge Mutter. Es soll ja Menschen geben, die alle Frauen entweder in die eine oder andere Kategorie einsortieren und aus diesen beiden Urtypen ganze Weltbilder entwickeln. Und genaugenommen sind das ja die beiden Frauen-Stereotype schlechthin. Auf unserer Station zumindest finden sich tatsächlich zwei erstaunlich klischeenahe Entsprechungen dieser Hirngespinste.

Greta Braun ist Mitte vierzig, könnte aber auch deutlich jünger oder deutlich älter sein – Alter ist irgendwie nicht ihr Thema. Wie bei Angela Merkel ist es bei Greta undenkbar, dass sie jemals den Typus der Sexgöttin, Schmollmund-Prinzessin oder geheimnisvollen Dame verkörpert hat. Sie ist die Frau, die in Parka und Gummistiefeln in einer von Aliens zerstörten Stadt steht und eine Thermoskanne mit Hagebuttentee für alle in der Hand hält. Dabei strahlt sie eine natürliche Autorität aus, die nicht nur Überlebenden des 3. Weltkriegs, sondern auch Patienten sehr gut tut. Greta weiß, was sie macht. Und sie weiß, was der Patient braucht – oft besser als er selbst: »Nein, Ihnen geht es noch überhaupt nicht gut« oder »Da stellen Sie sich jetzt aber unnötig an« sind typische Sätze aus Gretas Mund. Vielleicht spinne ich, aber manchmal kommt es mir vor, als flüstere Greta an den Betten schlafender Patienten: »Ich bin du, oh kranker Mensch. Ich bin deine Gedanken und deine Gefühle. Und deine verborgensten Wünsche und Ängste, die bin ich auch.«

Und obwohl Greta nie einen Grund für eine ernsthafte Beschwerde geliefert hat und die folgende Phantasie echt gemein ist: Manchmal stelle ich mir vor, dass Gretas Ehemann zu Hause ans Bett gefesselt vor sich hin vegetiert und zwangsernährt wird. Nach Feierabend liest ihm Greta dann etwas vor, zum Beispiel aus dem Roman »Misery« von Stephen King.

Eine Variante der resoluten Greta ist Elena Khlybova – unsere herbe Russin mit den eckigen Bewegungen und dem großen Herzen. Wenn sie spricht, fühlt sich mancher Patient wie im Märchen, allerdings ohne zu wissen, ob eine Hexe oder eine Fee neben seinem Bett steht: »Sie missen daas trinken, Härr Meier, sonst äs gäd Ihnen bald sährr schlächt.«

Das blonde Luder

Na gut, eigentlich ist Yvonne Müller kein Luder, aber sie wäre in jeder Krankenhausserie die Top-Besetzung für diese Rolle. Selbst übernächtigt sieht sie zum Anbeißen aus. Keine Ahnung, wie ein Teint so frisch sein kann. Lange blonde Haare fließen um ihr ebenmäßiges Gesicht mit den halb neugierig, halb naiv dreinblickenden Augen und dem fast übertrieben wirkenden Schmollmund. Als seien die natürlichen Ressourcen nicht bereits verschwenderisch genug an sie verteilt worden, verbringt Yvonne bestimmt jeden Tag eine Stunde im Bad und eine weitere Stunde beim Zumba oder Lach-Yoga oder Sex-mit-Liebe-Workout oder was auch immer so eine gute Figur macht. Mit begehrlichen Blicken, dummen Sprüchen und nassforschen Anzüglichkeiten hat Yvonne eine absurde Langmut – wie eine Kuh, der die Fliegen um die Flecken schwirren. Als ob das noch nicht verstörend genug wäre, vermittelt Yvonne Männern offensichtlich ein beruhigendes Gefühl: »Du, ich weiß, dass du mich sexy findest. Das ist voll in Ordnung. Aber ich habe einen ganz lieben Freund, verstehst du? Ich wünsche dir ganz viel Glück mit einer anderen!«

Dass Yvonne intelligent, kompetent, phantasievoll und witzig ist und über großes Fachwissen verfügt, merkt man ihr nicht gleich an. Vermutlich, weil sie es sich selbst nicht anmerkt. Yvonne hat das Stereotyp des hübschen blonden Dummchens zwar nicht komplett verinnerlicht, aber ihr Selbstbewusstsein ist trotzdem angeknackst. Wenn man sie lobt, kichert sie nervös, und wenn sie einmal etwas nicht weiß, sagt sie gleich: »Ich bin halt nicht die Hellste.« Vielleicht liegt das an dem rückständigen Eifeldorf, in dem sie bis heute wohnt. Vielleicht hatte sie auch einfach immer mit den falschen Leuten zu tun. Ihr Freund zum Beispiel wirkt tatsächlich sehr lieb. Allerdings scheint er tatsächlich so dumm, wie Yvonne lediglich glaubt zu sein.

Ich muss es hier mal ganz deutlich hinschreiben: Krankenschwestern kommen aus allen möglichen sozialen Schichten, sie können alle möglichen Macken und Probleme haben. Nur eins können sie nicht sein – auch wenn jetzt mancher Assistenz- oder Oberarzt süffisant vor sich hin grinst: dumm. Wer mehrere Patienten im Blick behalten und deren körperlichen Zustand in einen Gesamtzusammenhang stellen kann, wer sich zahlreiche Krankheitsbilder samt dazugehörigen Medikamenten mit Neben- und Wechselwirkungen merkt, wer täglich Stress-Situationen und den Wechsel von Routine und Chaos meistert und dabei noch Teamfähigkeit und emotionale Intelligenz im Umgang mit den unterschiedlichsten Menschen unter Beweis stellt – der kann alles Mögliche sein, aber nicht dumm. Schade, dass mir das Yvonne nicht so richtig glauben will.

Der Rohrspatz

Um ihrer kleinen, zierlichen Gestalt etwas mehr Gewicht zu verleihen, trägt Marion Mooshammer meist Clogs aus Hartgummi. Die Dinger stammen wahrscheinlich aus der Weltraumforschung und überstehen unbeschädigt einen Tauchgang im Säurebad. Außerdem kann unser Rohrspatz damit über die Station stiefeln und sicher sein, dass jeder es mitbekommt. Mit dem praktischen Kurzhaarschnitt und den beim Gehen in die Hüften gestemmten Händen wirkt Marion breiter, als sie ist. Vielleicht ist das eine ähnliche Taktik, wie sie griechische Straßenhunde nutzen, die immer leicht seitlich gehen, damit sie von weitem größer wirken.

Marion hat einfach doppelt so viel Energie wie alle anderen hier im Sozialraum. Zusammengerechnet. Ihre einzige Angst scheint zu sein, dass man sie übersehen könnte. Dabei ist diese Angst vollkommen unbegründet: Selbst wenn Marion einmal still in der Ecke steht, britzeln Blitze aus ihrem Körper, die keinem entgehen. Marion kann so lachen, dass Komapatienten davon aufwachen und Blinde wieder sehen und Lahme wieder gehen können. Sie kann durch Handauflegen Depressionen heilen und wirkt auf übernächtigte Kolleginnen wie ein extrastarker Kaffee mit einer Prise Speed.

Ihre bayrische Sprachfärbung verstärkt ihre kerngesunde Poweraura. Meist ist es toll, mit Marion zusammenzuarbeiten: Sie ist hellwach, gutgelaunt und mitreißend. Allerdings kann sie nicht gut mit Schwäche umgehen. Jede Art von Gejammer oder Mattheit wird sofort mit einem »Ja, du hast's echt hart« oder »Ja mei, jetzt reiß di halt a bisserl zusammen« quittiert. Egal, ob man Kollegin oder Patient ist. Manchmal nennen wir sie deshalb auch Fisherman's Friend – ist sie zu stark, bist du zu schwach.

Das Urgestein

Rosamunde Dulldrap ist Anfang fünfzig und ein echtes Prachtexemplar der emanzipierten Krankenschwester. Anders als Yvonne verfügt sie nicht nur über ein großes Fach- und Erfahrungswissen, sondern auch über ein grundsolides Selbstbewusstsein. Mit Krankenschwestern ist es vielleicht wie mit Lehrern: Diejenigen, die den Beruf nicht wirklich mögen, brennen spätestens nach ein paar

Jahren aus. Die, die ihn mögen, können ihn bei halbwegs erträglichen Umständen eine ganze Weile gut machen. Und dann gibt es noch die, die für den Job geboren sind, die ihn nicht nur mögen, sondern lieben und die während der Arbeitszeit aufzutanken scheinen wie andere in der Freizeit. Rosamunde Dulldrap ist so ein seltener Fall und ein Glück für unsere Station.

Ihr von grau-schwarzen Haaren gerahmtes Gesicht scheint nur drei Ausdrücke zu kennen: entspannt, liebevoll-besorgt und spöttisch-amüsiert. Es ist immer wieder schön mitzuerleben, wie selbst größenwahnsinnige Assistenzärzte sofort »Jawohl, Frau Dulldrap« sagen, wenn diese ruhig, aber bestimmt etwas anordnet.

Als Schlingkoch ihr einmal jovial grinsend das »Du« anbot, antwortete sie: »Aber Herr Professor. Wir wissen doch beide, dass ich älter bin als Sie. Ich müsste *Ihnen* das ›Du‹ anbieten.«

Zum ersten Mal sah ich, wie Schlingkoch etwas herunterschluckte, das er eigentlich sagen wollte und was sicher etwas mit Status, Macht und Hierarchie zu tun hatte – den primären Schlingkoch-Themen also. Ein paar Stunden später wies er Rosamunde leicht gereizt darauf hin, dass die Organisation einer Lungenoperation eingeschlossen der Nachsorge ja eher suboptimal verlaufen sei. In dem Uniklinikum, in dem Schlingkoch vorher als Oberarzt gearbeitet hatte, sei man da ein wenig fortschrittlicher gewesen.

»Ach ja?«, meinte Rosamunde mit echtem Interesse in der Stimme. »Ich habe ja lange in der Berliner Charité gearbeitet. Und da haben wir das so gehandhabt.«

Und schon sah ich zum zweiten Mal, dass Schlingkoch etwas herunterschluckte, sich zu einem Lächeln zwang und den Rückzug antrat.

Der Verpeilte

Groß und schlaksig stakst der Verpeilte über den Flur. Dann bleibt er stehen, zupft sich versonnen am Pferdeschwanz und geht schließlich zurück in das Patientenzimmer, aus dem er gerade gekommen ist. Peter Leicht ist derjenige, der nach einer wortreichen Übergabe durch eine Kollegin am Ende des Sermons fragt: »Was genau hast du gerade noch mal gesagt?« Peter ist auch derjenige, der eine Stunde zu früh oder zu spät auf der Arbeit erscheint oder von einer Grillparty herbeitelefoniert werden muss, weil er vergessen hat, dass er zum Nachtdienst eingeteilt ist. Aus dem gleichen Grund haben wir Peter sogar schon mal am Flughafen angerufen und seinen Urlaubsbeginn in Frage stellen müssen.

Peter ist keineswegs unterbelichtet. Im Gegenteil. Er kann sich die kompliziertesten Dinge merken. Im Sozialraum referiert er gerne über US-Serien wie *The Wire* und hält uns über die aktuellen Verwicklungen bei *Game of Thrones* auf dem Laufenden. Peter kann sogar die Finanzkrise erklären – wenn man ihn lässt. Was er nicht kann, ist den Überblick darüber zu behalten, ob ein Patient schon zu Mittag gegessen hat oder nicht.

Andererseits ist Peter ein angenehmer Kollege, weil er nie gestresst ist. Ist man selbst gestresst und daher vielleicht ein kleines bisschen ungeduldig mit Peter, schaut er einen aus seinen braunen Augen an und fragt halb traurig, halb ängstlich: »Bist du jetzt böse auf mich?«

Man könnte meinen, dass Peter in seiner Freizeit kifft wie ein Rastafari auf Welttournee. Aber Menschen, die ihn auch privat kennen, verneinen das. In seiner Freizeit spielt Peter Schlagzeug in einer Progressive-Death-Metal-Band und klöppelt sich durch die kompliziertesten Rhythmen, ohne aus dem Takt zu geraten.

Einmal habe ich Peter einen Cartoon des Zeichners Gary Larson gezeigt. Darin drückt ein bebrillter Junge mit aller Kraft gegen eine Tür, auf der »Ziehen« steht. Über der Tür steht »Schule für Hochbegabte«.

Peter schaute lange auf den Cartoon und sagte dann ernst: »Verstehe ich nicht.«

Bis heute weiß ich nicht, ob er mich verarscht hat.

Der Jesus [sprich: Djschiesess]

Mit seinen schulterlangen braunen Haaren und den scharf ge-schnittenen Gesichtszügen sieht Magnus Lichtbrot aus wie ein vernünftig gewordener Rockstar, der nur noch honorarfreie Kon-zerte für die Welthungerhilfe spielt. Also wie Jesus ohne Bart. Manchmal glaube ich, dass er sich selbst ein bisschen so sieht. Vermutlich wollte er nach der Schule eigentlich in den Regenwald auswandern und den Stamm der Yanomami gegen die intriganten Rodungspläne des bösen McDonald's-Konzerns verteidigen. Da-bei wäre ihm unter anderem sein jahrelanges Capoeira-Training nützlich. Am Ende wäre er zum Häuptling ernannt worden, hätte aber müde lächelnd abgewinkt. Nein, er würde weiterziehen und andernorts helfen. Zum Beispiel in den Favelas von São Paulo oder eben bei uns auf der Intensivstation.

Niemand legt sich so sehr für die Belange der Patienten ins Zeug. Magnus kann sich wirklich darüber aufregen, wenn die Qualität des Essens nicht stimmt oder wenn einer von uns die vielleicht verfrühte Verlegung einer Patientin nicht ganz so ernst nimmt wie er. Magnus merkt auch in der Regel als Erster, wenn die Sondenkost von einem Patienten gar nicht richtig angenom-men wird und durch die Wunddrainage im Bauch wieder heraus-sickert.

»Hä?«, sagt dann vielleicht eine Kollegin. »Wir haben Herrn Schümli doch gerade erst von Tropf auf Sonde umgestellt.«

»Ach, und deshalb lassen wir das jetzt so?« wäre die typische Antwort von Magnus. Schon mehr als einmal hat er gallig gesagt: »Es geht ja nur um irgendeinen wildfremden Menschen.«

Magnus kann flammende Reden halten, vor allem über die patientenfeindlichen Strukturen im Krankenhaus, obwohl die anderen gerade lieber über die Fußballweltmeisterschaft quatschen wollen.

»Seit der Privatisierung sind die Patienten Kunden, die so gut wie möglich gemolken werden müssen«, sagt Magnus.

»Mir gehen die Spanier mit ihrem effizienten Kurzpass-Spiel langsam echt auf den Sack«, sagt Christian.

»Tja«, sagt der Rohrspatz. »Aber damit werden sie es verdammt weit bringen.«

»Wenn nicht die Gesundheit, sondern der Profit an erster Stelle steht, dann ist doch alles dahin«, erregt sich Magnus, ohne jemanden anzusehen. Er spricht zu allen und für alle.

»Überbelegung, Überlastung des Personals, Fehlentscheidungen – das ist das Ergebnis dieser neoliberalen Politik.«

»Wenn Gomez mal aus seinem Formtief rauskäme, dann wären dem ja ein paar Hütten zuzutrauen.«

»Da setz ich eher auf Klose.«

»Und den Chefärzten kann egal sein, was sie an verbrannter Erde hinterlassen. Die ziehen nach ein paar Jahren schön weiter, wie die Manager, die ihre Konzerne ausnehmen wie Weihnachtsgänse. Hört ihr mir überhaupt zu?«

»Der Jogi Löw ist doch echt komplett humorbefreit, oder? Der geht doch zum Lachen in den Keller.«

Humor ist auch nicht die starke Seite von Magnus. Deshalb fürchte ich, dass er den Job irgendwann hinschmeißen wird, weil es ihn zu sehr mitnimmt und er nicht mal zwischendurch Druck aus dem Kessel lassen kann. Das wäre schade, denn Magnus mag zwar ein kleines Narzissmus-Problem haben, aber er ist ein verdammt guter Krankenpfleger. Und er hat die schönsten Hände, die ich je bei einem Mann gesehen habe.

Die Mangaprinzessin

Riesige Augen, kleiner Kussmund, braungesprenkelte Regenbogenhäute, Zungenpiercing und eine schwarzgefärbte Frisur, die den Namen »Frisur« auch tatsächlich verdient (auf so etwas muss ein Coiffeur erst einmal kommen): Julia Malessa sieht aus wie die schöne, aber etwas zwielichtige Kriegerprinzessin aus einem japanischen Manga. Ihr Vater ist halb Türke und halb Syrer, ihre Mutter Holländerin. Gerüchten zufolge ist Julia als Sechzehnjährige in einer mondlosen Novembernacht auf einem Frachtschiff aus Rotterdam im Hamburger Hafen eingelaufen und macht seitdem Deutschland unsicher. Vor allem Männer macht sie unsicher. Zum Beispiel, wenn aus ihrem niedlichen Puppengesicht laute Rülpser erschallen oder sinnlose Wortfolgen wie »Finger in' Po – Mexiko«. Obendrein beherrscht Julia diese leicht verlangsamte Art zu sprechen und sich zu bewegen, durch die auch gestandene Männer in Trance versetzt werden. Sie wirkt eigentlich ständig so, als würde ihr alles an ihrem wohlgeformten Arsch vorbeigehen. Manche Patienten fragen sich, ob sich eine gechillte Pillen-Braut aus der Technodisco ins Krankenhaus verirrt und spaßeshalber in Schwesterntracht geworfen hat. Und dabei haben sie noch nicht einmal das auf ihren Rücken tätowierte Flammenschwert gesehen.

Tatsächlich aber macht Julia ihren Job sehr gewissenhaft und verfügt über eine ganz spezielle Art von Stressresistenz und bauernschlauer Menschenkenntnis, die sie zur Topbesetzung in Krisensituationen machen. Je krasser es wird, desto mehr blüht Julia auf. Keiner von uns könnte sich so einfühlsam und gleichzeitig ohne schädliche Gefühlsduselei um ein unter dem Einfluss von K.o.-Tropfen vergewaltigtes Mädchen kümmern.

Manchmal erzählt unsere Mangaprinzessin, dass sie sich einen Oberarzt angeln und dann die Schufterei auf der Station quittieren wird. Sie will dann in einer schicken Wohnung an einem Designertisch sitzen und abgedrehte Comics zeichnen, während sie ihren Süßen zum Geldanschaffen schickt. Julia erzählt das so, als ob es ein Spaß wäre, aber ich glaube, dass sie in naher Zukunft aus dem Spaß Ernst machen wird. Wenn Julia etwas will, dann bekommt sie es auch.

5 Wahrsagerinnen und Generäle –
Eine Übersicht über Patiententypen

Ein Leitsatz der Krankenpflege ist, die Menschen dort abzuholen, wo sie stehen. Oder liegen. Sich auf den »Kunden« einzustellen spielt auch in anderen Berufen eine wichtige Rolle, aber die Situation in einem Bekleidungsfachgeschäft oder in einer Sparkassenfiliale ist in der Regel weit weniger speziell und intim als auf einer Intensivstation. Wenn Menschen aus dem Alltag herausgerissen werden und sich in ungewohnten, oft auch bedrohlichen Umständen befinden, zeigen sie vermutlich noch etwas mehr von ihrem wahren Gesicht, als wenn sie an der Fleischtheke ein Pfund Gehacktes halb und halb bestellen.

So blöd es klingt: Mir hat die Arbeit mit Menschen immer Spaß gemacht. Ja, ich gehöre zu diesen Leuten, die gerne was mit Menschen machen. Ich gebe allerdings zu, dass »Spaß« nicht immer der richtige Ausdruck ist. Ich weiß nur nicht, wie man aus »Erfüllung« und »anstrengende Plackerei« ein einziges Wort macht, das am besten auch noch mehr ist als die Summe seiner Bestandteile. Einigen wir uns darauf, dass ich sehr neugierig bin und es in der Regel ziemlich interessant finde, mit Menschen zu tun zu haben, die so ganz anders ticken als ich.

Natürlich ist kein Patient wie der andere, aber auch eine Krankenschwester verschafft sich manchmal eine erste Orientierung, indem sie auf Vorurteile und Stereotype zurückgreift. Und irgendwie benutzen wir ja nicht nur Klischeebilder, um andere einzusortieren; wir verhalten uns ja auch selbst gerne entsprechend der Rolle, die von uns erwartet wird. Oft unbewusst.

Um ein Beispiel zu geben: Mein Kollege Christian ist über zwei Meter groß, sehr muskulös und rasiert sich die Haare gerne millimeterkurz – vielleicht, um den kriegerischen Gesamteindruck noch zu verstärken, vielleicht auch einfach nur, weil man bei so kurzen Haaren nie überlegen muss, wie man sie stylt. Er ist ein herzensguter Kerl, aber viele sehen in ihm erst einmal eine Mischung aus Schiffschaukelbremser und Hells-Angel-Türsteher, der sich in einen Krankenpflegerkittel gezwängt hat – vielleicht um vorübergehend unterzutauchen. Und je mehr andere den dumpfen Kraftmenschen in ihm sehen, desto mehr wirken seine Bewegungen tatsächlich kantig, sein Gesichtsausdruck stumpf, sein Silberblick zwielichtig, sein Lächeln aggressiv.

Ich entsinne mich noch gut an folgende Situation: Christian soll eine vierundachtzigjährige Russlanddeutsche aus dem Bett heben und gerade auf die Bettkante setzen. Leichter gesagt als getan, denn die alte Frau versteckt sich unter ihrer Decke, so dass nur zwei runde, ängstliche Augen und eine vorsichtig in den Raum ragende Nase zu erkennen sind. Ich bin im gleichen Zimmer mit einer anderen Patientin beschäftigt, merke aber, dass Christian Probleme hat.

Mit verschränkten Armen steht er vor dem Bett der ängstlichen Dame und bleckt die Zähne. Das soll vermutlich freundlich und aufmunternd wirken, sieht aber einfach nur übellaunig bis gewaltbereit aus.

»Na, Frau Schmidt, was ist denn los?«, sagt Christian und es soll sicher deeskalierend und vertrauenerweckend klingen. Aber es ist wie verhext: Selbst ich, die ich Christian seit Jahren als gutmütigen, humorvollen Kollegen kenne, glaube, einen Anflug von Aggression oder zumindest Gereiztheit herauszuhören.

Ich entschuldige mich kurz bei meiner Patientin und stelle mich neben das Bett von Frau Schmidt. Ich lächle lieb und sehe sie fragend an. Sie dreht ihr kleines Gesicht ein wenig in meine Richtung. Ich beuge mich zu ihr herunter und sie sagt leise in mein Ohr: »Ist das ein Nazi?«

Ich muss so lachen, dass mich zwei Augenpaare verblüfft ansehen.

»Nein«, sage ich laut und schüttele grinsend den Kopf. »Das ist kein Nazi.«

In dem Moment, in dem Christian mit dem übelsten Stereotyp konfrontiert wird, dass man ihm entgegenbringen kann, verändert sich seine Körperhaltung. Erst guckt er verdutzt, dann weicht plötzlich Spannung aus seiner Haltung und ein Lächeln stiehlt sich in seine eben noch finstere Visage: »Nein, Frau Schmidt. Ich bin kein Nazi. Ich bin Sportler.«

Obwohl das ja nun wirklich kein Widerspruch sein muss, entspannt sich Frau Schmidt sofort.

»Mein Sohn war früher auch Sportler. Aber mit mehr Haaren«, sagt sie und lässt sich von Christian aufrichten. Der Beginn einer wunderbaren Freundschaft. Oder so ähnlich.

Ich erzähle diese Begebenheit, um klarzumachen, dass die folgenden Ausführungen nach einem ähnlichen Prinzip funktionieren: Der eine sieht etwas im anderen und bestärkt dadurch bei ihm eine bestimmte Seite oder Tendenz, ohne dass es sich dabei um einen zentralen Aspekt dessen Persönlichkeit handeln muss. Bei aller Unterschiedlichkeit unserer Patienten habe ich doch im Laufe der Jahre ein paar Grundtypen definiert, denen sich die meisten von ihnen zuordnen lassen: Hotelgäste, Generäle, Bedenkenträger, Wahrsagerinnen, Bildungsbürger und Hallodris. Ich greife in diesem Kapitel aus jeder Zunft ein besonders gelungenes Exemplar heraus.

Der Bedenkenträger

Ich stehe seit drei Minuten neben Herrn Merker, der seinen ersten Tee nach einer großen Magenoperation trinken darf. Er ist sich nicht sicher: Fenchel oder Kamille? Und ob es nicht vielleicht doch noch zu früh ist?

»Machen Sie sich keine Sorgen«, sage ich zum wiederholten Male. »Der Tee wird Ihnen nichts anhaben.«

Herr Merker sieht mich aus einem kindlich weichen Gesicht mit greisenhaften Augen an. Ich spüre, dass er mir misstraut. Aber was soll ich ihm sagen? Dass Teetrinken für ihn lebensgefährlich ist? Dass er sich genauso gut in ein Becken mit Piranhas werfen oder direkt unter eine explodierende Atombombe stellen könnte?

»Ich habe vor zwei Tagen einen Bericht gelesen«, sagt Herr Merker mit der belegten Stimme eines Grundbetrübten. »Kamillentee soll krebserregend sein. Zumindest der billige Beuteltee.«

»Aber Sie haben doch schon Krebs«, sage ich aufmunternd.

»Sicher. Aber ist es vernünftig, den noch zusätzlich zu erregen?«

»Wie wär's dann mit Fenchel?« Mehr fällt mir nun echt nicht mehr ein.

»Kamille mag ich lieber.«

Ich biete Herrn Merker an, dass er noch etwas überlegen kann und ich ihm derweil helfe, sich in einen Stuhl zu setzen. Er neigt seinen Kopf nach links und schaut mich an. Ich beantworte seine ungestellte Frage freundlich und ausführlich: »Ich bin mir ganz sicher! Sie dürfen und sollen sogar aufstehen. Ich bin in der Lage, Sie zu stützen, zu halten und Sie notfalls sogar butterweich auf den Boden gleiten zu lassen, falls Sie stolpern sollten oder sonst irgendetwas passiert. Ganz sicher!«

Schließlich wird es ein Hagebuttentee. Herr Merker sitzt im Stuhl und sieht den dampfenden Becher skeptisch an. Ich stelle ihm ein kleines Plastiktöpfchen mit Schmerztropfen daneben, und weil ich weiß, dass Herr Merker es gerne genau weiß, nenne ich ihm den Namen des Medikaments. Er hebt den Tropfenbecher ins Licht, legt seinen Kopf wieder etwas schief und blinzelt die Flüssigkeit darin an. Er schaut ungefähr so drein wie meine Katze, wenn ich mit besonders ruhiger Stimme auf sie einrede und vorher die Katzentransportbox vom Schrank geholt habe. Und der etwa vierunddreißig Jahre alte Mann, der da vor mir auf dem Stuhl sitzt, hat ja auch recht. Es ist nichts Gutes, mit einem Magenkarzinom als Patient auf einer Intensivstation zu landen und Chemie schlucken zu müssen, aber darum geht es in dem Moment leider nicht. Es geht um die Notwendigkeit.

»Hat die Medizin Nebenwirkungen?«

»Ja, aber die ernstzunehmenden treten nur mit einer Wahrscheinlichkeit von unter eins zu tausend auf.«

»Eins zu tausend? Das ist gar keine so geringe Wahrscheinlichkeit.«

»Wenn irgendetwas mit Ihnen ist, geben wir Ihnen sofort ein Gegenmittel.«

»Und das hat dann auch wieder Nebenwirkungen.«

»Darf ich?« Ich deute auf das Bett des Patienten und setze mich darauf, als er mir aus seinem Stuhl zunickt. Herr Merker hat nicht nur Angst vor dem Sterben. Er hat auch Angst vor dem Leben. Um diese Angst in den Griff zu bekommen, versucht er, alles zu überprüfen und zu kontrollieren. Dadurch verstärkt sich seine Angst. Denn so wie ein Depressiver zunehmend feststellt, dass Freude nur ein Mangel an Information ist, stellt ein Ängstlicher zunehmend fest, dass es keine hundertprozentige Sicherheit gibt. Irgendwie ist seine Angst immer auch berechtigt.

»Ich arbeite jetzt seit über zehn Jahren auf der Intensivstation«, beginne ich etwas pathetisch und werde von Herrn Merker unterbrochen: »Das ist ja noch nicht so lange.«

»Kann sein. Und ich kann Ihnen hier auch gar keine Garantien geben. Ich kann Ihnen nur aus meiner Erfahrung mit Patienten sagen: Die Pessimisten sind am zähsten.«

Herr Merker legt wieder den Kopf schief. Vielleicht macht er das immer dann, wenn seine Bedenken in der einen Hirnhälfte so viel Gewicht bekommen, dass der Kopf einfach nicht mehr gerade zu halten ist.

»Sind Sie da sicher?«, fragt er erwartungsgemäß.

»Nein«, sage ich und muss lächeln.

Der Hotelgast

Mit halb vergnügtem, halb gelangweiltem Gesichtsausdruck sitzt Frau Zackenkron in ihrem Bett, als ich ins Zimmer geeilt komme. Die Patientin hat eine schwer infizierte Bursitis, also eine Schleimbeutelentzündung. Als ich die Klingel aus ihrem Zimmer höre, rechne ich mit Komplikationen. Umso erstaunter bin ich, sie nun mit leicht blasierter Stimme sagen zu hören: »Ach, schön, dass Sie dann auch mal kommen. Wären Sie so gut, mir ein Rätselheft zu besorgen? Am liebsten Sudoku.« Es ist gar nicht so leicht, Frau Zackenkron zu erklären, dass ich Krankenschwester auf einer Intensivstation bin und nicht der Sudoku-Bringdienst.

Für den Typus »Hotelgast« gelten Krankenschwestern als Servicepersonal und Krankenpfleger automatisch als Arzt. Frau = niederer Dienst, Mann = höhere Kompetenz: So geht es im Köpfchen von Frau Zackenkron zu. Erst als ich sie frage, ob ich ihr nicht auch gleich die Schuhe putzen oder die Börsenkurse vorlesen soll, wird sie nachdenklich. Vielleicht überlegt sie gerade, ob das hier vielleicht gar nicht das Hotel Vier-Jahreszeiten, sondern bloß so eine drittklassige Absteige ist. Die Einrichtung des Zimmers und die seltsame Aufmachung des frechen Personals würden ja durchaus für diese enttäuschende Sichtweise sprechen. Frau Zackenkron fängt sich allerdings schnell und fragt, ob es bei uns statt Erdbeer-Joghurt auch einen mit Heidelbeeren gäbe.

»Erdbeere wird ja nur aus künstlichen Aromen und angemalten Kartoffelstücken zusammengepanscht. Das esse ich bestimmt nicht.«

Kartoffelstücke? Man lernt in einem Krankenhaus immer etwas dazu.

»Sie hätten also lieber etwas ohne Kartoffeln?«, frage ich. Die Kommunikationsseminare habe ich schließlich nicht umsonst besucht. »Soll ich Ihnen vielleicht gleich ein Schälchen frischer Heidelbeeren und handgerührten Alpenquark bringen? Oder einen kleinen Nachmittags-Prosecco?«

»Oder all das? Das wäre ganz zauberhaft«, sagt Frau Zackenkron, und ich frage mich, ob Ironie hier das richtige Stilmittel gewesen ist. Deswegen ergänze ich: »Entschuldigen Sie mich, im Nebenzimmer muss gerade jemand beatmet werden. Sonst stirbt er. Ich komme dann später auf Sie und die Heidelbeeren zurück.«

»Natürlich«, sagt Frau Zackenkron gönnerhaft. Sie hat es immer noch nicht gecheckt. Oder will sie bloß sehen, wie ich reagiere? Ist ihr langweilig? Will sie spielen? Vielleicht ist das auch Frau Zackenkrons Methode, um mit Angst umzugehen – einfach so tun, als sei das hier ein Urlaubsaufenthalt. Das merke ich mir, das klingt gut: Die Zackenkron-Methode. Es spricht für diese Überlegung, dass Frau Zackenkron mit mir nicht über ihre Infektion spricht und auch keine Fragen stellt, die irgendetwas mit ihrem Gesundheitszustand zu tun haben. Aus diesem Licht betrachtet wird mir die versnobt wirkende Frau sympathisch. Und immerhin gehört sie nicht zur Hotelgast-Unterkategorie der Häufig-Klingler. Dieser Typus hat – Sie haben es schon geahnt – die Angewohnheit, wegen jeder Kleinigkeit zu klingeln. Und es ist ihm nur mit Mühe einzuschärfen, dass die Klingel als Notsignal gedacht ist, nicht als Reklamationsknopf, weil der Tee nach einer halben Stunde Rumstehen kühl wird. Das Schlimme an den Häufig-Klinglern ist, dass man ihrer Klingelei auch mit weiser Voraussicht kaum vorbeugen kann. Habe ich jemanden in Verdacht, einen sehr fixen Finger in Sachen Rufsignal zu haben, frage ich, bevor ich das Zimmer verlasse, in der Regel schnell alles ab, was ihn oder sie später zur Klingelei motivieren könnte: Soll ich das Kopfkissen noch mal aufschütteln, das Fenster öffnen oder schließen, Schmerzmittel oder Wasser bringen, die Liegeposition des Patienten noch einmal ändern, eine Urinflasche bereitlegen? Jedoch: Der Einfallsreichtum der Klingler kennt kaum Grenzen. Sie finden immer das Schlupfloch. Mal ist die Batterie in der Fernbedienung des Fernsehers angeblich aufgebraucht, mal soll ich Zitrusduft in den Raum sprühen, weil es müffle, mal muss der Zimmergenosse dringend am Schnarchen gehindert werden. Ich bin also froh, dass Frau Zackenkron in den nächsten Stunden nicht klingelt. Zur Belohnung bringe ich ihr am frühen Abend ein zur Hälfte ausgefülltes Sudoku-Heft aus dem Schwesternzimmer mit.

»Bitte sehr«, sage ich freundlich. »Meine Kollegin ist bereit, es Ihnen zu überlassen.« Interessanterweise sagt Frau Zackenkron erst einmal gar nichts. Sie blättert still in dem Heft. Eigentlich sollte ich weiter, aber irgendwie bannt mich dieser Anblick. Schließlich lässt Frau Zackenkron ihre Jacketkronen aufblitzen. Dann holt sie tief Luft, reicht mir das Heft zurück und sagt: »Nein danke. Das ist ja schon benutzt. Was ist denn nun mit den Heidelbeeren?«

So, jetzt ist es so weit. Es reicht mir mit Frau Zackenkron. Ich stemme die Hände in die Hüften und sage etwas lauter: »Falls es Ihnen entgangen sein sollte: Das hier ist ein Krankenhaus, nicht der Club Med. Wir arbeiten hier hart für wenig Geld, und überdrehte Extrawünsche können uns ein kleines bisschen auf die Nerven gehen. Kapiert?«

Frau Zackenkron wirkt nicht sonderlich beeindruckt. »Wie viele Stunden arbeiten Sie in der Woche?«, fragt sie ungerührt.

»Dreißig«, antworte ich wahrheitsgemäß.

»Na, gutes Kind, da bliebe doch noch ausreichend Zeit für einen Zweitjob. Dann müssten Sie auch nicht über zu wenig Geld jammern. Werden nicht in der Pflege ständig Leute gesucht?«

Hut ab, denke ich. Frau Zackenkron hat gerade zwei soziale Probleme auf einen Schlag gelöst: den Personalmangel in der Pflege und die unzureichende Bezahlung des Pflegepersonals. Ich verschweige ihr, dass ich auch noch andere Lösungsmöglichkeiten sehe. Nachtisch bekommt sie auf jeden Fall morgen nicht. Noch nicht einmal ein Kartoffeljoghurt.

Der General

Es gibt Berufe, in denen ist man es gewohnt, Befehle zu erteilen und von Menschen umgeben zu sein, die diese Befehle ohne Widerspruch ausführen. Bei der Bundeswehr diskutiert ein Untergefreiter nicht mit seinem Oberst über die Sinnhaftigkeit von Drillübungen, bei denen man sich Zweige an den Helm steckt und mit 12 Kilo Gepäck durch eine vorher gut bewässerte Tongrube robbt.

Ich habe soeben den Befehl erhalten, einen elektrischen Rasierer an den Strom anzuschließen. Ich stecke das Kabel ordnungsgemäß in die Dose und reiche den Rasierapparat dem Patienten. Herr

Stichwart ist Mitte sechzig und wirkt zwei Tage nach einer fulminanten Lungenembolie bereits wieder erstaunlich zackig. Sein dunkelblonder Schnauzbart ist so korrekt begradigt wie das Gras rings um ein Golfloch. Sogar die grauen Strähnen, die sich durch seine eckige Kurzhaarfrisur ziehen, wirken ordentlich angeordnet.

Ein knappes, halb gebelltes »Danke« und schon zerlegt er den Rasierer zur Vorab-Inspektion, klick-klack. Warum nur habe ich den Eindruck, dass er, wenn er ihn wieder zusammengebaut hat, ein Miniatur-Maschinengewehr in der Hand halten wird?

Besonders erstaunlich ist, dass die Kompressionswickel an seinen Beinen immer noch an Ort und Stelle und kein bisschen verrutscht sind. Sie scheinen mir sogar noch ordentlicher und gleichmäßiger sortiert als kurz nach dem Anbringen.

Ohne Spiegel säbelt Stichwart mit konzentrierter Kantenmiene die für mich unsichtbaren Ausscherer aus seiner Wangen- und Kinnfrisur. Kaum ist er fertig, erhalte ich den nächsten Befehl, dem ein »Bitte« hinterherhinkt wie ein fußlahmer Soldat der Truppe: »Und jetzt holen Sie mir den Arzt her! … Bitte.«

»Melde gehorsamst, der Arzt erscheint zwischen 8.00 Uhr und 8.10 Uhr«, antworte ich nicht, ich sage »Nö«. »Nö« ist ein Wort, das der General offensichtlich nicht kennt. Vielleicht hält er es für »Ja, Sir«, nur eben auf Schwedisch. Ich erkläre ihm, dass es feste Zeiten für die Arztvisiten gibt. Feste Zeiten – das leuchtet dem General ein.

Natürlich haben wir so gut wie nie einen General als Patienten. Wir sind ja kein Militärkrankenhaus. Trotzdem ist dieser Typus gar nicht so selten in unseren Betten anzutreffen. Er lässt sich auf zwei Eigenschaften herunterbrechen: Ringen um Haltung und Ordnung auch in Ausnahmesituationen sowie ein großes Hierarchiebewusstsein. Während das Ringen um Haltung uns Krankenschwestern die Arbeit in der Regel erleichtert, ist das mit dem

Hierarchiebewusstsein so eine Sache. Beim Militär kann das Denken in Hierarchien rein funktional sein und muss keinesfalls eine persönliche Wertung des Gegenübers beinhalten. Wir haben aber auch etliche Patienten vom autoritären Schlag, die devot nicken, sobald ihnen ein Arzt dasselbe sagt, was sie kurz vorher bei einer Krankenschwester mit »Jaja, reden Sie immer so viel?« kommentiert haben.

Auch Herr Stichwart ist nicht frei von einem Denken in reichlich angestaubten Schubladen. Das zeigt sich bei der Arztvisite. Julia, eine zierliche Oberärztin, die zweiunddreißig Jahre alt ist, aber wie sechsundzwanzig aussieht, erklärt Herrn Stichwart freundlich, dass sein Zustand stabil ist, er aber bis auf weiteres das Bett nicht verlassen kann.

Herr Stichwart sitzt kerzengerade im Bett, hört Julia zu und fragt dann: »Schön. Aber wo ist denn der Arzt?«

Julia kennt diese Reaktion bereits und sagt lächelnd:

»Ich bin der Arzt.«

»Ach?«, sagt General Stichwart, und es klingt nicht so, als ob er sich gerade ein Loch in den Bauch freut. »Wie lange machen Sie das denn schon?«

Julias Haltung strafft sich. Vor meinen Augen verwandelt sie sich in eine Oberoberst, oder wie auch immer der nächste Dienstgrad in der Armee genannt wird. Es fehlt eigentlich nur, dass sich ihr Pferdeschwanz von selbst zu einem strengen Dutt einrollt.

»Keine Diskussion!«, sagt sie schneidend. »Wir haben hier noch anderes zu tun. Sie halten Bettruhe. Falls Sie zuwiderhandeln, haben Sie die Konsequenzen zu verantworten.«

Auch der Patient strafft seine Haltung. Ich warte darauf, dass er seine rechte Handkante an seine Schläfe zacken lässt, aber er begnügt sich mit einem »Jawohl, Frau Doktor!«. Dabei wirkt er regelrecht glücklich. Frau Doktor dreht sich um und marschiert zum nächsten Patienten. Beim Verlassen des Zimmers wippt ihr Pferdeschwanz.

Die Wahrsagerin

Frau Faber ist Mitte zwanzig, leichenblass, pummelig und trägt die dichten Haare schwarz gefärbt. Um ihre Augen hat sie eine Art Brillengestell aus Kajal gezogen und irgendwie werde ich die Idee nicht los, sie schon einmal in einem expressionistischen Horror-Stummfilm gesehen zu haben. Mit schwacher, aber sonderbar durchdringender Stimme fistelt sie meinen Namen, als ich an ihr Bett trete. Es klingt, als spreche sie nicht von mir, sondern von der Apokalypse.

»Wir wissen es doch beide«, fügt sie schicksalsergeben hinzu. »Ich mach's nicht mehr lange.«

»Na ja«, gebe ich zu bedenken, »Ihre Werte sind stabil. So wie es aussieht, spazieren Sie in ein paar Tagen kerngesund hier raus.«

»Jaja, so wie es aussieht. Sie wissen es, ich weiß es – aber Sie haben eben Ihre Anordnungen. Sie wollen mich nicht beunruhigen. Das ist lieb von Ihnen. Lieb, aber unnütz.«

»Frau Faber. Ja, Sie haben eine Lungenentzündung. Ja, die verlief anfangs kompliziert, aber jetzt …«

»Jetzt geht es aufs Ende zu. Ich habe heute Nacht davon geträumt. Ich sah mich in einem billigen, verschmutzten Sarg, der in die kalte Novembererde gelassen wurde. Und die wenigen, die zu meiner Grablegung gekommen waren, schienen keinesfalls unglücklich.«

Tja, denke ich, was sagt man einem altklugen Trauerkloß, dessen Träume allen medizinischen Erfahrungswerten zum Trotz vom eigenen Tod künden? Manchmal bietet sich eine psychotherapeutische Technik an, die als paradoxe Intervention bezeichnet wird: »Gut, ich will ganz ehrlich zu Ihnen sein«, sage ich mit ernstem Blick und Grabesstimme. Jetzt habe ich die volle Aufmerksamkeit der rundlichen Vampirella.

»Ja?«, fragt sie. Es klingt beinahe gut gelaunt.

»Sie haben es ja so gewollt«, sage ich. »Ich fürchte, es ist noch schlimmer, als Sie ahnen.«

»Wirklich?«, fistelt es fröhlich aus dem Bett.

»Ich habe auch von Ihnen geträumt.«

»Oje!« Frau Faber bekommt etwas Farbe auf den Wangen.

»Ich sah Sie ... oh Gott ... ich kann es nicht sagen.«

»Sie müssen, Schwester. Ich kann alles ertragen, nur nicht diese Unsicherheit!«

»Gut, Frau Faber. Aber Sie müssen jetzt ganz stark sein.«

Sie nickt tapfer.

»Ich sah Sie gesund und zufrieden im Kreis anderer Gruftbräute tieftraurige Oden vortragen. Dazu strich ein schwarzer Kater namens Asmodeus um Ihre gut durchbluteten Beine. Grauenhaft, oder?«

Frau Faber sieht mich eine Weile sehr aufmerksam an.

»Jetzt wird's mir langsam unheimlich zumute«, sagt sie ehrfurchtsvoll. »Woher wissen Sie, wie mein Kater heißt?«

Der Bildungsbürger

In unserer Universitätsstadt gibt es neben etlichen Studienräten natürlich auch einige Professorinnen und Professoren. Ein emeritiertes Exemplar dieser Zunft liegt im seidenen Morgenmantel im Bett und spricht mich bei meiner Visite mit ersuchter Höflichkeit an: »Wären Sie so gut, mich aus meiner misslichen Lage zu befreien, in die ich – das gebe ich offen zu – nicht ganz ohne eigenes Verschulden geraten bin?« Er hebt und senkt mehrmals aufmunternd seine weißen Augenbrauen. Tatsächlich ist hier meine Hilfe vonnöten. Der gute Mann hat nämlich die an ihm befestigten Kabel und Infusionsleitungen auf interessante, ja beinahe künstlerische Weise miteinander verknotet. Ein solches Wirrwarr habe ich in all den Jahren noch nicht gesehen. Ich frage mich, ob der Herr Professor in meiner Abwesenheit einen epileptischen Anfall hatte oder sich an einem barocken Springtanz versucht hat. So kann ich ihn nicht auf die Bettkante setzen. Also übe ich mich in einer speziellen Form von Makramee, die man nur auf Intensivstationen kennt, und entwirre Stück für Stück den Kabelsalat. Dabei drückt Häuptling weißer Scheitel mehrfach sein großes Bedauern über seine »unverzeihliche Ungeschicklichkeit« aus.

Das Seltsame an dieser Art von Höflichkeit ist, dass sie gleichzeitig beruhigen und tierisch nerven kann, denn irgendwie verbergen sich in meinen Augen dahinter zwei Aussagen. Zum einen: Schauen Sie, wir können alle nett miteinander sein, denn wir sind zivilisierte Menschen, die im Geiste der Aufklärung ausbrechen dürfen aus selbstverschuldeter Unmündigkeit und inhumanen Klassenschranken. Zum anderen: Ich gehöre, wie Sie an meiner Eloquenz bemerken, anders als Sie zur gehobenen Klasse.

Ich stelle mir den Professor in seinem freistehenden Haus am Stadtwald vor. Die beiden Kinder – Katharina und Julius – sind längst aus dem Haus. Die Tochter, um als erste Geige in einem renommierten Orchester aufzutrumpfen, der Bub, um als Gelegenheitsarbeiter und Halbtagstrinker das Erbe der Eltern schon vor deren Ableben aufzubrauchen. Ich sehe die geschmackvolle, leicht verstaubte Inneneinrichtung, die gewaltigen Regale im Wohnzimmer, in denen Bücher wie Trophäen aneinandergereiht stehen: All das haben die guten Leute gelesen, oder könnten es zumindest lesen, wenn nicht ständig etwas dazwischenkäme. Ich sehe die FAZ auf dem Küchentisch. In der aktuellen Ausgabe steht ein geharnischter Leserbrief des Professors, nämlich dass es mit der Bildung so nicht weitergehe im Land der Dichter und Denker, und dass G8 und Bologna-Reform ein riesengroßer Scheißdreck seien, das dürfe man ja wohl trotz aller political correctness noch sagen. Und wo er schon dabei sei: Diese ganzen Anglizismen wären ja nun wirklich nicht nötig. Daran sei womöglich dieses Internet schuld, ohne das manche heutzutage ja schon gar nicht mehr leben könnten. Ich sehe sogar deutlich vor mir, wie der Herr Professor seiner Frau gerade erklärt, was das Internet mit der Kultur anrichtet, als ihn diese sanft unterbricht und darauf hinweist, dass er mit dem Löffel zwar gerne weiter auf die Butter hauen könne, so aber sein Frühstücksei sicher nicht aufschlagen werde.

Der Professor räuspert sich. Ich schrecke aus meinem Tagtraum hoch und stelle fest, dass ich gerade an seinen dünnen Fingern herumnestle. Offenbar habe ich sie mit den kalten, harten Kabeln verwechselt. Um der Peinlichkeit der Situation etwas entgegenzusetzen, sagt er: »Ach, am einfachsten wäre es, das Problem zu lösen wie Alexander der Große.« Der Professor hat mehr zu sich selbst gesprochen und sieht mich auch nicht an.

»Guter Plan!«, sage ich trotzdem. »Ich hole schnell mein Schwert. Das müsste jetzt aus dem Steri[41] zurück sein.«

Der Professor hebt erstaunt seine Brauen. »Ach?«, sagt er. »Sie als Krankenschwester kennen die Sage über den gordischen Knoten? Das ist ja allerhand.«

Ich frage ihn nicht, mit welchem Allgemeinwissensstand er denn bei einer Krankenschwester rechnet. Nicht, dass der Herr Professor in die Verlegenheit kommt, einmal keine Antwort zu wissen.

Der Hallodri

Manche Patienten verändern oder verlieren während des Intensiv-Aufenthaltes ihr Selbstbild. Manche bringen schon ein recht verzerrtes Selbstbild mit. Der Hallodri zum Beispiel. Ein besonders prächtiges Exemplar dieses Typs ist Herr Vollmer, ein hagerer Typ mit Straßenarbeiter-Bräune und Elvis-Presley-Gedächtnistolle. Sein Alter ist nicht leicht zu schätzen, denn er sieht aus wie jemand, der durch einen rustikalen Lebensstil frühzeitig verwelkt ist. Seine Arme sind übersät mit bläulichen Tätowierungen. Dabei handelt es sich nicht um die filigranen Bildchen und chinesischen Schriftzeichen, die sich modebewusste Mittelschichtler seit den späten Achtzigern in die Haut stechen lassen. Es sind die Tätowierungen, die man nur auf der Reeperbahn, im Knast oder bei der Russenmafia bekommt. Vielleicht hat sie sich Herr Vollmer aber auch im Vollrausch selbst gestochen. Zuzutrauen ist ihm so einiges. Nur beim Hundert-Meter-Hürden-Lauf wird er vermutlich nicht mehr brillieren, Herr Vollmer hat nämlich nur noch ein Bein. Manchmal scheint er zu glauben, er könne diesen Verlust durch sein drittes Bein ausgleichen. Zartfühlender formuliert: Herr Vollmer ist durch und durch sexualisiert. Gehen wir einmal schlaglichtartig mit dem alten Sexausel durch den Tag.

7.30 Uhr: Ein Lächeln, das wahrscheinlich verwegen und markant wirken soll, sitzt etwas schief in Herrn Vollmers Gesicht, weil ich noch dabei bin, seine obere Zahnprothese am Waschbecken zu reinigen. Kurz darauf setzt er sie mit einem klackernden Geräusch ein und startet eine Charme-Offensive: »Hier gibt ja ein hübsches Karbolmäuschen dem anderen die Klinke in die Hand!«

»Karbolmäuschen« – vielleicht ist Herr Vollmer doch im 19. Jahrhundert geboren. Dann wiederum hätte er sich ausgesprochen gut gehalten. Vielleicht erklärt das sein maskulines Selbstbewusstsein.

12.23 Uhr: Ich stelle Herrn Vollmer das Tablett mit dem Mittagessen hin. Er zwinkert, als hätte ich ihm ein Pornoheft gebracht, in dem ich die Hauptattraktion bin. Das ist ein Zwinkern, das man gesehen haben muss – ein Naturschauspiel. Worte versagen angesichts der atemberaubenden Selbstverständlichkeit dieses »Du-gefällst-mir-und-ich-nehm-mir-was-ich-will«-Zwinkerns. Ein Zwinkern, das aus der Vorstellung, mit einem alten, einbeinigen Lebemann Sex zu haben, für den Bruchteil einer Sekunde eine Verheißung macht. Ich muss das im Schwesternzimmer erzählen, sonst zweifle ich noch an meinem Verstand. Und ich tue gut daran, denn ich erfahre schnell, dass ich mit meinen verworrenen Gefühlen nicht alleine bin. Im Gespräch mit den Kolleginnen stellt sich heraus, dass Herr Vollmer nicht alle Frauen über einen Kamm schert. Er ist durchaus in der Lage, zu differenzieren. Es gibt Frauen über fünfzig und Frauen unter fünfzig. Frauen über fünfzig haben keine Namen. Frauen unter fünfzig nennt er Tatjana, wenn sie helle Haare haben, und Michaela, wenn sie dunkelhaarig sind. Ich bin Michaela Nr. 7.

15.45 Uhr am nächsten Tag, an dem ich Spätdienst habe: Herr Vollmer sitzt in seinem Rollstuhl. Geschickt hat er ihn mit seinem einen Bein in den Türrahmen manövriert und kann nun den Menschen auf dem Flur nachsehen. Genaugenommen nur den Frauen. Ganz genau genommen nur ihren Hinterteilen. Hin und wieder verrutscht sein Blick auch auf deren Beine. Fast immer gefällt ihm, was er sieht. Das lässt sich am anerkennenden Nicken, am karpfigen Starren und am gelegentlichen Schmatzen unschwer erkennen.

18.10 Uhr: Herr Vollmer hat im Laufe des Tages so viel Geilheit angestaut, dass er nun handeln muss. Als ich ihm ein Glas Wasser und eine Tablette auf das Tischchen an seinem Bett stelle, schießt ein erstaunlich langer Arm unter der Decke hervor und greift zielsicher an meine Hüfte.

»Finger weg«, sage ich emotionslos und wie eine Mutter zum Kleinkind, das wieder mal nach den verbotenen Keksen langt. Herr Vollmer lässt seine Hand da, wo sie ist, und knetet ein wenig an mir herum.

»Na, ich will doch nur mal fühlen. Ist doch nix dabei.« Ich schiebe sehr bestimmt seine Hand weg. Ja, auch so etwas lernt man in der Pflege-Ausbildung – schieben, nicht zuschlagen. Patienten hauen ist nämlich verboten. Ich kann mir nicht vorstellen, dass Herr Vollmer in seinem Zustand körperlich erregt ist. Das muss ein virenverseuchtes Programm sein, das sich in seinem Kopf abspult – wieder und wieder. Wie eine Fliege, die zum hundertsten Mal stumpf gegen eine Glasscheibe fliegt, holt Herr Vollmer zum nächsten Grabscher aus. Ich hätte gute Lust, ihm sehr fest zwischen die Beine zu greifen. Also zwischen das eine Bein und das Nichts. Wobei: Es wäre mir noch lieber, wenn das jemand anders für mich machen könnte.

Ich schiebe seine Hand noch energischer zur Seite. Herr Vollmer schmunzelt ein selbstsicheres »Na-die-Puppe-hat-Feuer«-Schmunzeln. Und dann verlässt er sich auf seine Spezialität und zwinkert mir zu. Wenn ich mir durch den Kopf gehen lasse, wie viele Mädchen und Frauen Herr Vollmer mit seiner Störung schon belästigt hat, und wie viele vielleicht zu unsicher waren, um sich eindeutig zur Wehr zu setzen, dann habe ich das Bedürfnis, dem Mann mal richtig heimzuleuchten. Ich könnte ihm sagen, dass seine Prothese schief sitzt, oder ihm den Witz vom Einbeinigen erzählen, der in den Schuhladen hüpft und nach Flop-Flops fragt. Ich könnte Herrn Vollmer auch fragen, was er für ein Verhältnis zu seiner Mutter hatte, oder damit drohen, dass er in die Psychiatrie kommt. Aber hier geht es nicht um meine Emotionen oder verqueren pädagogischen Absichten. Also lasse ich Herrn Vollmer Herrn Vollmer sein und frage Rosamunde Dulldrap, ob wir die Zimmer tauschen können. Immerhin ist sie über fünfzig und dürfte mit dem Sexteufel besser klarkommen.

Am nächsten Tag erzählt mir Rosamunde in der Mittagspause, dass ihr eben was ganz Doofes am Bett von Herrn Vollmer mit einem Becher heißer Suppe passiert sei.

»Oh, Mist!«, sage ich. »Aber so was kann ja jedem mal passieren.«

6 Todkrank oder einfach nur alt? –
Die Ü80-Patienten

Frau Schwind ist 102. Sie sähe aus wie eine ausgepackte Mumie, wenn da nicht die Augen wären, die frisch und klar aus ihrem runden Runzelkopf leuchten.

»Moin, moin«, begrüßt sie mich lautstark und macht sich mit sichtlichem Appetit über ihr Frühstück her. Als Beißwerkzeug besitzt sie noch genau einen Zahn, der wie eine kleine Kralle aus dem rechten oberen Mundwinkel ragt. Warum Frau Schwind keine dritten Zähne hat und wie sie es schafft, mit dem *sole survivor* eine Apfelspalte zu schluckbarem Nährbrei zu zerkleinern – das werden zwei ihrer Geheimnisse bleiben. Woher sie den ungebrochenen Lebenswillen hat, der manchen schon mit vierzig abhandenkommt, ein anderes.

Kurz darauf steht ihr Sohn im Zimmer. Dreimal die Woche kommt er zu Besuch. Weil er ja eh nix anderes zu tun hat, wie er sagt. Herr Schwind dürfte Anfang achtzig sein, sieht aber aus wie neunzig. Wie seine Mutter hat er schlohweiße Haare und ein von Falten und Runzeln zerknautschtes Gesicht. Er wirkt uralt, aber im Vergleich zu seiner Mutter ist er ein junger Hüpfer. Ich komme mit den Relationen völlig durcheinander: Wie kann ein Greis ein Sohn sein? Noch dazu einer, der leicht genervt »Mutter« sagt, als wäre er ein Teenager, der mit seiner Mama Schuhe einkaufen muss und es hochnotpeinlich findet, wie ihm diese uncoole Person »voll praktische« Sommersandalen aufschwatzen will.

Genau wie seine Mutter trägt Herr Schwind ein Hörgerät. Aber auch die moderne Technik ist nicht in der Lage, die Schwerhörigkeit der beiden komplett zu kompensieren. So brüllen sie sich freundlich an.

»Und? Wie geht es dir heute?«, klingelt mir Herrn Schwinds Bariton in den Ohren.

»Prima. Heute Mittag gibt's Sauerbraten. Mit Klößen!«

»Mit was?«

»Klö-ßen!« Frau Schwind sieht mich an und verdreht die Augen.

»Ja, was sonst«, ruft Herr Schwind. Dann sieht er mich an und rollt kurz mit den Augen. Ich ziehe mich diskret zurück. Übermorgen steht der nächste Besuch von Herrn Schwind an. Ich könnte mir vorstellen, dass das noch jahrelang so weitergeht.

Bei Herrn Kirps wiederum glaube ich, dass er es nicht mehr lange macht. Vielleicht schlägt schon heute sein letztes Stündchen. Er könnte zwar Frau Schwinds Sohn sein, aber als ich ihn vor drei Tagen zum letzten Mal gesehen habe, ragte ein Beatmungsschlauch aus seinem Hals. Und am Tag davor hat er in hohem Fieber irgendetwas von einem bombastischen Brontosaurus genuschelt, der den Kölner Dom umrennt. Als ich sein Zimmer betrete, rechne ich damit, ihn in einem sehr schlechten Zustand vorzufinden. Aber weit gefehlt: Herr Kirps sitzt auf der Bettkante und ringt nicht mit Gevatter Hein, sondern mit einer Ausgabe der ZEIT. Zwar hat der gebürtige Luxemburger sehr lange Arme, so wie er überhaupt sehr lang ist, aber die ZEIT ohne Ablagetisch zu lesen, ist etwas für topfitte Profis. Vor allem das Umblättern ist so eine Sache. Ungehalten raschelt Herr Kirps mit den Blättern, während ein Beilage-Magazin zwischen den Seiten hervorrutscht und auf den Boden fällt.

»Ach verdammich«, nuschelt Kirps. »Jetzt hun ech die Faxen awer su langsam dicke.«

»Guten Morgen«, sage ich. Er lässt die Zeitung sinken und sieht mich durch dicke Brillengläser an.

»Ja, wenn der Moien mal gut wäre. Sie sehen jo, wat ech hier ze kämpfen hun.«

Vor wenigen Tagen sah er aus wie ein Gespenst: Blass und irgendwie durchscheinend. Jetzt sieht er schon wieder aus wie eine genervte Waldeule und ärgert sich über Zeitungsseiten. Und ich habe keine Ahnung, warum er plötzlich wieder so fit ist. In der Regel ist es andersherum.

»Der war doch gestern noch total fit«, heißt es oft über ältere Patienten, die von einer Minute auf die andere in einen lebensbedrohlichen Zustand geraten und dann bei uns auf der Intensivstation landen.

Da ist zum Beispiel die einundneunzigjährige Frau Doßmann, die vor kurzem noch mit ihrem Einkaufstrolley auf dem Parkplatz eines Supermarkts Rabatz gemacht hat. Sehr leise und zwischendurch um Atem ringend erzählt mir Frau Doßmann, was passiert ist. Da sei so ein wildgewordener Feger in seinem kanariengelben Cabrio angebraust gekommen und habe sie fast über den Haufen gefahren. Sie habe sich gar nicht mal erschrocken, aber sehr aufgeregt, wie ja wohl jeder nachvollziehen könne. Und als der Rüpel in seinem schreiend bunten Hemd aus dem Wagen gestiegen sei, da habe sie ihm mal ordentlich Bescheid gegeben und sei plötzlich umgefallen.

So kam Frau Doßmann zu uns und musste zunächst zwei Stunden reanimiert und dann – nach einem Nierenversagen – zwei Wochen lang beatmet werden. Noch immer schwankt ihr Blutdruck so sehr, dass mir schon beim Anschauen des Kurvenverlaufs schwindelig wird.

Es ist unwahrscheinlich, dass sie wieder so fit wird, wie sie es auf dem Parkplatz offensichtlich noch war. Natürlich liegt das auch daran, dass einundneuzig ein stolzes Alter ist. Von gutem Heilfleisch spricht man da in der Regel nicht mehr. Aber es ist nicht erlaubt, Altersschwäche als Todesursache in den Totenschein einzutragen. Manchmal hat es den Anschein, dass Sterben an sich verboten werden soll. Ich will damit nicht sagen, dass ich für die Einführung einer Altersgrenze bin, die vorgibt, wann man Therapiemaßnahmen einschränkt oder ab wann man seine künstliche Hüfte aus eigener Tasche zahlen soll.[42] Dazu sind die Menschen einfach zu unterschiedlich. Es gibt Fünfzigjährige, deren Körper keinerlei Ressourcen mehr zu haben scheint. Und es gibt Achtzigjährige, von denen ich beim gemeinsamen Nordic Walking nur die Fersen zu sehen bekäme.

In der Praxis stehen das therapeutische Team und die Angehörigen manchmal plötzlich und unerwartet in der Pflicht zu entscheiden, inwiefern die intensivmedizinische Therapie noch ausgeweitet werden soll. Oder aber eben nicht.

Es wird gerade dann kompliziert, wenn Omma Ilse bisher noch total fit gewesen ist und richtig Spaß inne Backen hatte, nun aber plötzlich nur noch »Olé« sagen kann, weil ihr ein Schlaganfall das Hirn beschädigt hat. »Olé« ist ein schönes, aufmunterndes Wort. Wenn es aber den einzigen Beitrag zur Konversation darstellt, kann das auch beim wohlmeinendsten Gesprächspartner zu gewissen Ermüdungserscheinungen führen. Und wenn Omma Ilse obendrein noch plötzlich an einer Leberzirrhose und einer Magenschleimhautentzündung leidet, kann es mit ihr auch ziemlich rasant körperlich bergab gehen.

Es ist ein bisschen wie mit alten Autos: Man ist erstaunt, wie gut die günstig aus vierter Hand erworbenen Rostlauben noch vor sich hin tuckern, und dann, innerhalb von wenigen Tagen, fällt die Lichtmaschine aus, zerbröseln die Bremsbeläge, scheppert der Keilriemen. Und nun stellt sich die Frage: Lohnt sich da noch eine Reparatur?

Natürlich gibt es gewisse Unterscheide zwischen Menschen und Autos. Zum Beispiel kann man von Autos nichts erben, sie aber dafür auch in sehr schlechtem Zustand nach Afrika weiterverhökern. Und Autos haben keinen eigenen Willen und keine Gefühle, auch wenn manche Männer mit ihnen reden und sie streicheln.

Was mich angeht: Ich möchte lieber gut gelaunt mit einundneunzig – oder von mir aus auch mit einundachtzig – schimpfend auf einem Parkplatz umkippen und sterben, als nach zwanzig Minuten Atemstillstand wiederbelebt zu werden und noch monatelang an irgendwelchen Schläuchen zu hängen.

Bei uns gibt es wie in einigen anderen Krankenhäusern das sogenannte ethische Fallgespräch. Nun ist zwar das Gespräch selbst nicht besonders ethisch, es geht darin aber um eine ethische Frage: Was ist das Beste für den Patienten? Oder sachlicher und anhand unseres Leitfadens formuliert: Welches Therapieziel ist angemessen? Im Kern geht es dabei um die Frage, ob die Therapie für einen bestimmten Patienten fortgeführt, verändert, erweitert, eingeschränkt oder abgebrochen werden soll. Eine solche Fallbesprechung kann durch jeden Mitarbeiter unserer Station angeregt und sogar eingefordert werden. Der Stations- oder Oberarzt muss innerhalb von vierundzwanzig Stunden dafür sorgen, dass es dann auch tatsächlich zu dem Gespräch kommt. Jeder, der mit dem fraglichen Patienten zu tun hat – und das schließt auch Seelsorger und Krankengymnastinnen mit ein –, kann während der Besprechung seine Informationen und Ansichten mit den anderen teilen. Dabei kommt dann einiges auf den Tisch: von medizinischen über pflegerische Fakten bis hin zu Äußerungen der Angehörigen und dem mutmaßlichen Patientenwillen. Wenn alles gesagt ist, müssen die verantwortlichen Ärztinnen und Ärzte entscheiden, wie es weitergeht.

Spezialisten wie Schlingkoch neigen schon mal zu der Ansicht, wir vom Pflegepersonal hätten nicht genug Abstand zur Materie, die emotionale Betroffenheit verenge unseren ohnehin subjektiven Blickwinkel. Ich weiß zwar nicht, was gegen emotionale Intelligenz einzuwenden ist, wenn es um das Leiden oder Nicht-Leiden, um das Leben und Sterben eines Menschen geht. Aber ich weiß, dass es Schlingkochs ohnehin subjektiven Blickwinkel immens erweitern würde, wenn er sich mal ein paar Stunden an das Bett von Frau Doßmann stellt. Wenn ihm langweilig würde, könnte er die Tücher wechseln, unter denen sich ihre Füße und Finger nekrotisch[43] verfärbt haben und übelriechend vor sich hin sezernieren[44]. Er könnte sich auch eine Weile lang das pathologische Atemmuster anschauen, das bei einer Reduzierung der Sedierung einsetzt. Und er könnte in die Augen von Frau Doßmann sehen, deren Blick vor Schmerz bereits etwas Wahnsinniges hat.

Trotz der verschiedenen Perspektiven, die in einem ethischen Fallgespräch zur Sprache kommen: Oft werden sich die Beteiligten einig darüber, wie das Therapieziel zu ändern ist. Zu den Beteiligten gehört natürlich auch der Patient selbst. Bei Frau Doßmann zum Beispiel einigen wir uns in Absprache mit ihr auf eine palliative Therapie. Das heißt: Die Verminderung des Leidens steht nun im Vordergrund, nicht die Heilung der Krankheit. Gegen Schmerzen, Übelkeit oder Atemnot gibt es in fast allen Fällen Medikamente. Manche davon können allerdings lebensverkürzend wirken.

Frau Doßmann konnte ihren Willen klar äußern: »Machen Sie was gegen die Schmerzen. Der Rest ist mir egal. Ich muss keine hundert werden. Die meisten sind ja eh schon unter der Erde.«

Es kann jedoch auch sehr schwer sein, den sogenannten Patientenwillen richtig einzuschätzen. Lehnt ein sehr alter, schwerkranker Mensch eine hilfreiche, aber auch anstrengende und schmerzhafte Behandlung ab, weil das sein tatsächlicher Wille ist, oder weil ihn die Verkabelung und das Dauergepiepe auf der Intensivstation verwirren? Äußert jemand den Wunsch, nicht weiter kämpfen zu wollen, weil er sich das gründlich überlegt hat, oder weil er gerade aufgrund starker Schmerzen verzweifelt ist? Oder steckt vielleicht eine Depression dahinter?

Beim Verdacht auf eine Depression oder ein anderes psychiatrisches Krankheitsbild kommt unser Psychiater Dr. Molch ins Spiel. Er weiß, welche Pillen die Stimmung bestimmter Patienten stabilisieren und deutlich aufhellen können. Manchmal ist es verstörend, mitzuerleben, wie sehr unsere Gefühle und Gedanken biochemisch zu beeinflussen sind.

Dr. Molch macht seinem Namen alle Ehre, denn tatsächlich hat er etwas Molchhaftes. Zwar ist er weder schlank, flink, kalt noch glitschig, aber er hat riesige Lippen. Jetzt haben Molche zwar keine riesigen Lippen, aber Menschen mit solchen Lippen erinnern mich an Molche. Vielleicht habe ich einen an der Waffel, aber wenn ich Dr. Molch sehe, kann ich die Phantasie nicht abschütteln, dass man seine Oberlippe über seine Stirn und seine Unterlippe über sein Kinn stülpen könnte und sein Gesicht dann nur noch aus Mund bestünde.

Wenn Dr. Molch einen Patienten untersucht, hält er gerne mal nichtexistente Fäden in die Luft und bittet den Patienten, diese zu halten. Erfüllt der Patient diesen Wunsch, ist es recht wahrscheinlich, dass er sich in einem Delirium befindet. Dabei können Gespräche wie das folgende entstehen:

»Guten Tag, ich bin Dr. Molch. Wie geht es Ihnen?«
»Muss ja.«

»Können Sie mir sagen, welches Jahr wir haben?«

»Ja.«

»Würden Sie das dann bitte tun?«

»Nein.«

»Und das Datum?«

»Sag ich nicht.«

»Aha. Und wer ist derzeit deutscher Bundeskanzler?«

»Keiner.«

»Sind Sie da sicher?«

»Oh ja. Dat is kein Kanzler, dat is ne Kanzlerin.«

»Hmm, stimmt. Ich halte jetzt mal einen Faden in die Luft. Wenn Sie den mal kurz halten könnten?«

»Von mir aus!«

Kaum hatte sich Dr. Molch mit seinem Faden verabschiedet, sah mich der Patient an und sagte: »Wat war dat denn für ne Tüppes? Und Frollein, können Se mal die Papageien hier rausbringen? Oder bin ich hier im Zoo?«

Mit der Wahnvorstellung, von Papageien umgeben zu sein, ist dieser Patient keineswegs allein. Das Piepen der Geräte hat schon einigen Kranken den Eindruck vermittelt, von Piepmätzen umgeben zu sein – interessanterweise fast immer von Papageien.

Manche Patienten wollen einfach nicht mehr leben, ohne dass man bei ihnen eine klinische Depression diagnostizieren könnte. Ein solcher Fall ist in meinen Augen die einundachtzigjährige Frau Bartel. Ihre Nachbarin hatte ein dumpfes »Wumms« aus Frau Bartels Wohnung gehört und, nachdem auf ihr Klingeln und Klopfen keine Reaktion kam, den Notarzt informiert. Der fand Frau Bartel tief schlafend auf dem Boden des Wohnzimmers. Sie war aus dem

Ohrensessel gerutscht und davon nicht aufgewacht, weil sie eine Schachtel Schlaftabletten intus hatte. Das lange, graue Haar zu einem ordentlichen Dutt gebunden, hatte sie sich in ihrem schönsten blauen Sonntagskostüm in den Ohrensessel gesetzt, um dort für immer einzuschlafen. Eine Woche zuvor war mit dreiundachtzig Jahren ihre letzte Freundin gestorben, ihre drei Kinder und ihren Mann hatte sie schon vor Jahren beerdigt.

Das erzählt sie mir, nachdem sie nach vierundzwanzig Stunden wieder so wach wird, dass man sie extubieren kann. Nun ist sie wieder im Hier und Jetzt, aber das Hier und Jetzt behagt ihr nicht. Sie will nicht auf einer Intensivstation aufgewacht sein, sie will überhaupt nicht mehr aufgewacht sein. Die Frage »Sein oder Nichtsein?« hat sie für sich mit einem eindeutigen »nicht sein« beantwortet.

Sie macht mir keine Vorwürfe, dass wir sie »geweckt« haben und nun versuchen, ihren Zustand zu stabilisieren. Sie macht sich aber selbst Vorwürfe, dass sie sich nicht ins Bett gelegt hat. Da wäre sie nicht rausgefallen, die Nachbarin hätte nichts gehört und sie hätte jetzt ihre Ruhe.

Dr. Molch führt Gespräche mit Frau Bartel, um festzustellen, ob sie sich schon ausreichend von ihrer Suizidabsicht distanziert hat. Er erklärt ihr eindringlich, dass sie sonst in die geschlossene Abteilung der ortsansässigen Psychiatrie verlegt wird. Und auch Pater Fürchtegott Simon, der Seelsorger unseres Hauses, müht sich um den Lebenswillen von Frau Bartel. Mit ineinander verschränkten Händen sitzt er an ihrem Bett und spricht von der Gnade Gottes, die unser Leben von einem Moment auf den anderen ändern könne. Was uns eben noch sinnlos und grauenhaft vorkomme, erstrahle plötzlich in einem ganz anderen Licht. Außerdem habe Gott uns das Leben geschenkt, und deshalb sei er es auch, der es uns wieder nähme.

Diese Logik versteht Frau Bartel nicht: »Geschenkt ist geschenkt«, sagt sie. »Wiederholen ist gestohlen«, ergänze ich im Geiste. Stattdessen sagt sie: »Dann kann ich damit machen, was ich will.«

Pater Simon seufzt. Dann lächelt er. Jetzt sieht er so aus wie auf dem fünfundzwanzig Jahre alten Foto, das ich einmal in einem Abschiedsalbum für eine Kollegin gesehen habe. Es zeigte den jungen Fürchtegott als sehr attraktiven Mann mit Schlaghosen und Koteletten, der umringt von einem Haufen Krankenschwesternschülerinnen mit Gitarre an einem Lagerfeuer saß. Bis heute hat er sich seinen Charme bewahrt. Milde lächelnd versucht er Frau Bartel durch die Blume zu erklären, was es für Konsequenzen hat, wenn sie nicht Ja zum Leben sagt, oder wenigstens Jaja. Doch die alte Dame antwortete freimütig und ehrlich auf die Fragen zu ihren weiteren Plänen. Sie habe keine, außer endlich in Würde und Frieden in ihrer Wohnung einzuschlafen.

Gemäß den Vorschriften bleibt also keine Wahl. Wenn jemand nach einem missglückten Versuch weiterhin Selbstmordabsichten äußert, dürfen wir ihn nicht nach Hause lassen. Zwei Tage später wird Frau Bartel auf eine Trage gepackt und in die Psychiatrie verfrachtet. Zum Abschied lächelt sie mich an und winkt mir mit ihrem weißen Stofftaschentuch mit hellblauem Blümchenmuster. Dann verschwindet sie durch die Schiebetür unserer Intensivstation.

Ich kann den Missmut und den Lebensüberdruss vieler alter Menschen nachvollziehen: Alt sein ist sicher kein Spaß. Das ist was für die Harten. Das ist wie in vielen Computerspielen: Der Endgegner kommt zum Schluss. Zum Glück kann ich meistens ausblenden, dass ich in wenigen Jahrzehnten so daliegen könnte wie manche der gebeugten, verwachsenen Senioren auf unserer Station: falsche Zähne, künstliche Hüfte, Probleme mit dem Stuhlgang, chronische Schmerzen und vor allem – allein und ohne allzu prickelnde

Perspektiven. Vermutlich werde ich aus einem der Gründe eingeliefert, aus denen die meisten Ü80-Patienten zu uns kommen. Neben Diabetes sind das Herzmuskelschwäche und Herzrhythmusstörungen. Beliebt ist auch das Brechen großer Knochen. Früher oder später legen etliche Senioren filmreife Stunts hin. Da werden Treppen und Stiegen auf unorthodoxe Weise passiert, da wird über Brüstungen gesegelt, in Baugruben gestürzt und in den Straßengraben gekullert. Dann kracht's im Gebälk und der Oberschenkelhals- oder Hüftknochen bricht entzwei. Weil das zu hohem Blutverlust führt, ist oft eine Operation nötig.

Natürlich leiden manche Menschen auch an Krankheiten, die zum Schwund der Hirnmasse, zu Demenz oder zu blankem Wahnsinn führen, aber das ist eine andere Geschichte, die ein anderes Mal erzählt werden soll.

Wenden wir uns stattdessen einem anderen, besonders handfesten Thema zu: dem Darmverschluss. Erst leiden die noch munteren Mummelgreise an Osteoporose oder dem Wirbelsäulensyndrom, dann nehmen sie Medikamente gegen die damit verbundenen Schmerzen, dann machen diese Medikamente den Darm träge, ja manchmal derart lahmarschig, dass er den Dienst quittiert, und dann bleibt das Verdaute da, wo es ist. Solche massiven Verstopfungen werden zusätzlich begünstigt durch den Senioren-Trend, möglichst wenig zu trinken. Sei es, dass sie kein Durstgefühl haben, sei es, dass sie nicht so oft aufs Töpfchen wollen, weil sie eh so wacklig auf den Beinen sind, sei es, weil eine Herzinsuffizienz dafür sorgt, dass sie nicht mehr als anderthalb Liter am Tag trinken können – alte Menschen trocknen gerne aus.

Auch die dicke Frau Schlötcke trinkt zu wenig. Auch ihr Lebenswille hält sich in Grenzen. Sie hat einen diabetischen Fuß. Die Diabetes vom Typ 2, also die sogenannte Altersdiabetes, kann einige unangenehme Folgen haben, die alle auf schlechte Durchblutung zurückzuführen sind: Nierenschäden, Herzinfarkte, Schlaganfälle und eben den diabetischen Fuß. Dabei handelt es sich um eine nicht abheilende Fußverletzung, die fieserweise faulig riecht und nässende Geschwüre und schließlich Nekrose verursacht. Wegen einer verminderten Schmerzwahrnehmung registrieren Patienten oft nicht sofort, dass ihr Fuß vor sich hin fault, und wenn sie es zu spät mitbekommen, muss der Körperteil amputiert werden.

Frau Schlötcke hat Glück. Sie wird auch in Zukunft zwei Schuhe brauchen. Zufrieden stimmt sie das aber nicht. Im Gegenteil – sie ist ziemlich schlecht gelaunt. Allerdings zeigt sie zwei Gesichter. Den Ärzten gegenüber lächelt sie wie ein verliebter Backfisch und sagt Sätze wie: »Oh ja, schon viel besser. Ich tue ja alles, was Sie sagen. Ich fühle mich sehr gut bei Ihnen aufgehoben. Ich verspreche hoch und heilig, dass ich ab jetzt mehr achtgeben werde.«

Auch gegenüber Ärztinnen und Pflegern gibt Frau Schlötcke den Sonnenschein. Sobald jedoch ich an ihr Bett trete, fängt sie an, von der Giftspritze zu reden: »Sie haben doch Gift hier. Ich weiß, dass Sie Gift hier haben.«

»Wie bitte?«

»Bringen Sie mir eine Giftspritze, ja? Den Rest kann ich selbst erledigen.«

Frau Schlötcke hat den autoritären Geist aus jener dunklen Zeit konserviert, in der sie Kind gewesen ist: eine Mischung aus Obrigkeitsgehorsam, Scheinheiligkeit und unterdrückter Wut. Ihr Wunsch nach der Giftspritze ist der Wunsch eines trotzigen Kindes, endlich einmal sagen zu dürfen, wie scheiße es eigentlich alles findet. Aber sie traut sich das auch als alte Frau nur gegenüber Leuten, die sie nicht für Respektspersonen hält.

Ich habe einige Menschen aus Frau Schlötckes Generation kennengelernt, die ihre Bedürfnisse und Gefühle nur von hinten durch die Brust formulieren können – wenn überhaupt. Eckige Männer und in Speck gepanzerte Frauen, in denen sich nicht ausgelebte Wut und tief vergrabene Wünsche nach Selbstausdruck und Sinnlichkeit aufstauen. Und sosehr ich Verständnis dafür habe, was eine unterdrückerische Erziehung mit Menschen anrichten kann: Nach einer Weile geht mir Frau Schlötckes wiederholtes Giftspritzenlamento so richtig auf den Senkel. Schon bei der Morgenvisite begrüßt sie mich mit: »Und? Haben Sie an das Gift gedacht?«

Am späten Vormittag geht es weiter: »Ich will nicht mehr leben und Sie lassen mich hier leiden. Sie wissen so gut wie ich, wie einfach das alles sein könnte.«

Am nächsten Abend fängt Frau Schlötcke wieder an: »Bringen Sie mir jetzt endlich die Giftspritze? In der Nacht merkt es doch keiner. Ich übernehme die volle Verantwortung.«

Ich erkläre ihr genervt, dass ich ihr weder Gift bringen darf noch will und dass sie jetzt endlich mit ihrer verdammten Giftspritze aufhören soll.

»Ach so. Na gut. Verstehe«, sagt Frau Schlötcke und dreht sich beleidigt von mir weg. Tatsächlich sieht sie mich in den nächsten Tagen nicht an. Stattdessen starrt sie mit tränenden Augen durchs Fenster in die Sommersonne, sobald ich ihr Zimmer betrete.

»Was soll denn das?«, frage ich.

»Ich werde blind. Dann muss ich das Elend nicht mehr sehen.«

Ich weiß nicht, ob Frau Schlötcke mit dem ganzen Elend auch mich meint. Aber wie es schließlich ausgeht, das weiß ich: Frau Schlötcke wird wieder gesund und kehrt zurück nach Hause, wo sie zäh wie Leder, verbissen und pflichtbewusst ihren Posten hält, bis es wirklich gar nicht mehr anders geht.

7 Einer geht noch – Schnapsleichen und andere Selbstvergifter

»Im Zimmer riecht es nach Kneipe«, bemerkt Herr Kupferschenk (neunundvierzig, Leberzirrhose). Finde ich auch. Genaugenommen riecht es nach einer Kneipe, die tagelang nicht mehr gelüftet worden ist. Und in die sich vorher jemand herzhaft übergeben hat: eine Mischung aus Alkoholdunst, kaltem Rauch und Erbrochenem. Der Geruch geht von einem Achtzehnjährigen aus, der eben angeliefert wurde. Da schnarcht er nun im zweiten Bett des Zimmers: röchelnd, hin und wieder aussetzend – eben so, wie es sich für eine klassische Schnapsleiche gehört. Ein Speichelfaden baumelt von seiner kindlichen Schmolllippe auf die grüne Schutzunterlage.

Ich weiß nicht, wo und wie der Teenager die überwachungspflichtige Promillegrenze geknackt hat: Flatrate-Spaß an »Titos Tequila Tresen«? Beerensmoothie mit Strohrum verwechselt? Beim Weißbier-auf-Ex-Wettbewerb den ersten Platz anvisiert? Fragen über Fragen. Und: In welcher Stimmung wird der Promillegrenzgänger sein, wenn er aufwacht? Das ist schwer zu sagen. Es ist allerdings ganz leicht zu sagen, in welcher Stimmung ich sein werde: gereizt. Wir haben hier echt genug zu tun. Menschen, die sich krankenhausreif saufen, lösen beim Personal nicht gerade La-Ola-Wellen aus. Und aufgrund ihrer Geruchsentwicklung ganz offensichtlich auch nicht bei den anderen Patienten.

In unserer beschaulichen Stadt greifen täglich Menschen zu verschiedenen Suchtstoffen. Eine Minderheit lässt es dabei derart krachen, dass sie bei uns auf der Intensivstation landet. Besonders beliebt sind Alkoholvergiftungen: vom jugendlichen Alkoholismus-Amateur bis hin zur eingespielten Säuferin, die sich doch einmal verkalkuliert hat, weil nur noch 4711 oder Nagellackentferner zur Hand war. So sabbern die einen mit 1,2 Promille komatös ins Kopfkissen, während die anderen bei einem Abstieg von 3,2 auf 2,8 Promille bereits fast wieder nüchtern zu werden scheinen. Erstaunlich frisch und munter zwitschern sie mir aus ihrem Bett zu: »Jetzt auf den Schreck erst mal ein Piccolöchen!«

Laut Notärztinnen und den Fahrern von Krankenwagen darf man sich die Wohnungen professioneller Alkoholiker ruhig so vorstellen wie in einem durchschnittlichen »Tatort«: Im Kühlschrank eine Tube Senf und eine Dose »Hawesta Seemannsschmaus«, auf dem Boden viele, wirklich sehr viele leere Flaschen, irgendwo ein Sofa und ein TV-Gerät. In der Luft ein Geruch nach Einsamkeit, der einem den Atem nimmt. Natürlich saufen auch einige verheiratete Lehrerinnen und allseits beliebte Ärzte in schmucken Vorstadtvillen. Bei denen reicht die Kontrolle des Umfelds aber meist noch aus, um den plötzlichen Besuch im Krankenhaus zu verhindern. Aber was nicht ist, kann noch werden. Vielleicht gehören die heimlich Alkoholkranken eine Scheidung oder Entlassung später auch zu denen, die während ihres dritten Nachschub-Spaziergangs zur Nacht-Tankstelle einfach ins Gebüsch kippen und von dort zu uns gebracht werden.

Bei den Jugendlichen ist die Frage: Saufen die heute wirklich ärger als früher oder bauschen die Medien das auf, um das lesende Bürgertum auf die Zimmerpalme und an den Zeitungskiosk zu bringen? Schwer zu sagen. Ich wage zu behaupten, dass auch in den Siebziger-, Achtziger- und Neunzigerjahren Heranwachsende teilweise gebechert haben wie die Blöden. Was sie aber sicher nicht getan haben: kurz per Mobiltelefon im Krankenhaus anrufen und dann die Schnapsleiche sich selbst überlassen. Wir mussten früher unsere Kaputten noch eigenhändig betreuen, sei es aus Freundschaft, sei es, weil man beim Hölzchenziehen verloren hatte. Und wenn sie wirklich mal ins Krankenhaus mussten, sind wir mitgefahren. Aber ich rede natürlich nur von meinem eigenen kleinen Erfahrungshorizont.

Neben den vom Alkohol Ausgeknipsten kommen auch Heroinsüchtige zu uns, die ungestreckten Stoff erwischt haben. Da man beim reinen Zeug geringere Grammmengen braucht, um die gewünschte Wirkung zu erzielen, kann es bei Fehleinschätzung des Sachverhalts zu gefährlicher Überdosierung kommen. Solche Patienten sind allerdings selten. Die meisten überleben einen solchen Schuss schlicht und einfach nicht. Sie hören auf zu atmen und ersticken; und das in der Regel an einem nicht leicht einsehbaren Ort, weil das der Konsum illegaler Drogen so mit sich bringt. Wenn die Leiche gefunden wird, ist sie deshalb oft schon in einem wenig attraktiven Zustand. Gut, Attraktivität ist eine Kategorie, die bei Leichen ohnehin keine große Rolle mehr spielt.

Andere Heroinsüchtige, die den sogenannten »Beikonsum« etwas zu sorglos und eifrig betrieben haben, werden in der Regel mit einer Mischung aus Amphetaminen, Benzodiazepin[45], Methadon[46] und Alkohol bei uns angeliefert. Sehr gemischt ist auch das Auftreten dieser Menschen, wenn sie bei uns stranden und – manchmal schon bei der Aufnahme, manchmal nach einigen Stunden – wieder aktiver werden: enthemmt, gewaltbereit, aggressiv, mit dem größten anzunehmenden Katzenjammer, schamvoll, traurig, trotzig, ängstlich, albern, erstaunt, tolldreist und so weiter und so fort. Ich denke, die meisten von ihnen haben Angst, aber Menschen gehen sehr unterschiedlich mit Angst um. Oder die Angst mit ihnen. Mir persönlich sind die lieber, die sich schlafend stellen und heimlich in ihr Kopfkissen weinen, als die, die mit Flaschen, Spritzenabfallbehältern und Hockern nach mir werfen. Da bin ich ganz egoistisch.

Unter den bedröhnt Eingelieferten gibt es die Einmaligen und die Regelmäßigen. Zu den Eintagsfliegen gehörte zum Beispiel der achtzehnjährige Mark, der das Patientenzimmer olfaktorisch in eine Kneipe verwandelte. Er hatte etliche Wodka genascht, sich dann in einer Hecke verfangen, langgelegt und ein Nickerchen gemacht. Streifenpolizisten ließen die Schnapsleiche zu uns ins Krankenhaus bringen. Als er aufwachte, sah er mich aus ungläubigen Schweinsäuglein an. Wähnte er sich im Himmel? Oder in der Hölle? Oder erinnerte ich ihn einfach an seine Mutter? So oder so: Er blickte besorgt auf die Schutzhose an seinem Leib, also die Windel für Erwachsene, die wir ihm vorsorglich umgebunden hatten. Dicke Tränen kullerten über sein Gesicht, das mich an den Buben auf der Achtzigerjahre-Kinderschokolade erinnerte.

Auch die sechzehnjährige Melanie sehe ich nur einmal. Von der Dienstärztin informiert erscheinen ihre Eltern am frühen Morgen in sehr sparsamer Laune auf der Intensivstation. Es spielt sich eine vertraute Szene ab: Die Mutter, sichtlich um Fassung ringend, spricht mit der Ärztin und der Schwester über den genauen Zustand der Tochter, den weiteren Ablauf und wie um Himmels willen ihre Kleine, die so was noch nie gemacht hat, eigentlich hier gelandet ist. Der Vater wirft immer wieder Blicke auf seine gestrauchelte Prinzessin. Sie sieht echt belämmert aus und hat obendrein einen verschwommenen Make-up-Abdruck ihres Gesichtes ins Kissen geschwitzt. Stumm steht Papa da in seinem Strickpullunder, bis ihm die Frau Gemahlin die verdreckte Kleidung der Tochter in die Arme drückt, damit er sich daran festhalten kann.

Zu den regelmäßigen Besuchern gehören verschiedene Alkohol- und/oder Sonstwas-Abhängige, die im Einzugsbereich unseres Krankenhauses leben. Meist entwickeln beide Seiten mit der Zeit eine Strategie im Umgang miteinander. Herr Fahlmann zum Beispiel ist friedlich und hat den Sinn einer Monitorüberwachung noch nie angezweifelt. Zumindest, wenn er eines unserer kleinen, fahrbaren Fernsehgeräte erhält. Er bleibt brav im Bett und fragt nach Knäckebrot und Distra[47] – aber eben auch nur, wenn er das TV hat. Im Fernsehen sieht er sich von früh bis spät begeistert jeden Blödsinn an, von »Volle Kanne – Service täglich« über »Der Winzerkönig« bis zu den schönsten Bahnstrecken Deutschlands.

Wenn das aber nicht klappt, weil zum Beispiel schlichtweg keine Zeit ist, das Gerät in sein Zimmer zu rollen, dann wird Fahlmann zu einem Untoten, der die Lebenden heimsucht. In einem Mantel, der auch von alleine stehen könnte, verfolgt uns der Zausel über die Flure der Station. Manchmal taucht er plötzlich hinter einer Ecke auf, was allerdings niemanden erschreckt, da man ihn längst gerochen hat. Es gibt Pflegepersonal, das behauptet, an manchen Tagen den Geruch von Herrn Fahlmann sogar gesehen zu haben. Zumindest muss man sich zusammennehmen und sollte keinesfalls durch die Nase atmen, wenn er sich von hinten nähert und einem plötzlich ins Ohr nuschelt: »Ich will jetzt gehen ...« Und obwohl er augenscheinlich auch gehen kann und schon wieder so nüchtern ist, dass er nicht über die an seiner Haut befestigten Überwachungskabel stolpert, die sich von seinem Bett bis zu ihm in den Flur spannen: Er darf nicht gehen. Forensische Aufsichtspflicht nennt man das.

Bei Herrn Fahlmann ist also eine TV-und-Knäckebrot-Fixierung indiziert. Eine andere Art der Fixierung ist die mechanische. Bei entsprechender Vorankündigung wird diese Vorrichtung schon ins Bett geschnallt, bevor der Patient da ist. »Fremdgefährdung« ist der bedrohliche Begriff, mit dem dieses Festschnallen gerechtfertigt wird. Ich kann es oft kaum glauben, wenn ein blasser, langer, dünner Mann wie Herr Feickert (neunundzwanzig), der noch seinen Dormicumrausch[48] ausschläft, in der Aufnahme-Schleuse erscheint und fixiert werden muss, als sei er Hannibal Lecter. Was soll das Bürschchen schon anrichten, denke ich. Aber die drei verbeult aussehenden Polizisten, die ihn angeschleppt haben, erklären mir mit flackernden Blicken, dass »der da« gerade »richtig abgegangen« ist. Und das nicht zum ersten Mal. Sie nennen ihn den Werwolf vom Friedensplatz.

Kaum festgeschnallt wird Herr Feickert auch schon wach und windet sich mit unglaublicher Kraft auf dem Bett. Die Fixierung knarzt bedenklich und der Gefesselte schimpft, schreit und droht wie die Besessene in *Der Exorzist*. Und genau wie diese spuckt er auch, und zwar mir mitten ins Gesicht. Das ist, abgesehen von der Demütigung, biochemisch ziemlich risikoreich. Wenn man sich mit Hepatitis anstecken will, dann ist Flüssigkeitsaustausch mit einem auch intravenös tätigen Politoxikomanen eine hervorragende Wahl. Eine ordentliche Ladung seiner Spucke ins Auge zu bekommen gleicht einer unfreiwilligen Partie Russisch Roulette. Die Kollegin, die dabeisteht, zuckt mit dem Arm und gibt später zu, dass sie ihm fast eine gescheuert hätte.

Zu beruhigen ist der wilde Feickert übrigens erst, als vom Dienstarzt nochmals die Polizei hinzugerufen wird. Die hat die Faxen langsam wirklich dicke und geht nicht gerade zimperlich vor. Aber so ist es nun einmal, das Leben *on the wild side*.

Eines muss man vielen Dröhnköpfen lassen: Sie fluchen farbenfroh und beleidigen erfrischend unkonventionell. Wer das ewige »Arschloch / Wichser / Schlampe / Fotze« leid ist, freut sich, wenn er mal etwas Neues zu hören bekommt. Hier meine persönlichen Schimpfwort-Favoriten:

Platz 3: »Schlumpfnutten!«

Hier wurde vor allem der blauen Farbe unserer Dienstkleidung Beachtung geschenkt. Vielleicht muss aber auch ein Delirium tremens[49] seitens des Wortschöpfers in Betracht gezogen werden.

Platz 2: »Du fette Elster!«

Fast schon liebevoll individuell, denn ich bin blass, dick, habe schwarze Haare und im Nachtdienst trage ich auch gerne mal einen langen Kittel über meiner Dienstkleidung, der vielleicht als »Elsternfrack« durchgehen kann, wenn man die Farbe ignoriert.

Platz 1: »Du Hirschkirsch!«

Dem Mann mangelte es nicht am Schimpfwillen, aber bei 3,6 Promille hapert es schon mal an der Artikulation oder auch an der internen Einigung auf die passende Beschimpfung. Es war ein kleiner, dicklicher Russlanddeutscher, und ich habe es bis heute versäumt, jemanden, der Russisch spricht, zu fragen, ob »Hirschkirsch« vielleicht doch eine sinnvolle Bedeutung hat und es sich vielleicht um einen extrem ekligen Obstler handelt.

Bevor aber der Eindruck entsteht, die Drogenvergifteten würden sich größtenteils wie Besessene aufführen, muss auch eine Frau wie Heike Paffrath (siebenundzwanzig) erwähnt werden. Sie kommt mit dem Verdacht auf eine Alkoholvergiftung zu uns. Tatsächlich hat sie 0,0 Promille, dafür aber einen bunten Cocktail an Aufputsch- und Beruhigungsmitteln intus. Sie bleibt aber dabei: der Alkohol hätte ihr die Besinnung genommen. Dazu muss ich vielleicht erläutern, dass Menschen, die in einem Methadon-Programm sind, mit Sanktionen rechnen müssen, wenn sie sich noch andere illegale Drogen reinpfeifen. Denn zusammen mit der täglichen Methadon-Dosis kann eben genau das geschehen, was der Patientin passiert ist: Sie ist an der Bushaltestelle umgekippt und konnte für Stunden nicht mehr geweckt werden.

Mit dem labortechnisch nachgewiesenen 0-Promille-Gehalt konfrontiert, versteigt sich Frau Paffrath zu folgender Aussage: Sie sei wahrscheinlich eine Gen-Mutation, könne so viel Alkohol trinken, wie sie wolle, wäre dann auch betrunken, nur im Blut wäre dieser Alkoholpegel nicht nachweisbar. Gerne würde sie sich uns zur Verfügung stellen, um mit zwei Flaschen Wodka und regelmäßigen Blutentnahmen dieser Theorie eine wissenschaftliche Basis zu verleihen. Nachdem ich ihr aber versichere, dass wir auch in ihrem Fall der ärztlichen Schweigepflicht unterlägen und sie selbst entscheiden könne, ob sie ihrer Ärztin von ihrem Aufenthalt bei uns berichtet, sagt sie bloß: »Ach so. Nee, dann vergessen Sie mal das mit den Genen. Hab doch nix getrunken.« Na, da kann ja jeder mal durcheinanderkommen. Also Schwamm drüber!

Besondere Intox-Aufnahmen gibt es im Rheinland natürlich zur Karnevalszeit. Beduinen, Ritter, Nonnen, Bärchen, Engel, Teufel, Möhren, Biergläser und Bernd das Brot – sie alle haben schon in unseren Betten gelegen. Zum diesjährigen Karneval mussten wir unter anderem einen neunzehnjährigen Blaumannträger aus ebendiesem Blaumann herausschneiden, weil die völlig durchnässte Kleidung anders nicht von seinem unterkühlten, speckigen Zwei-Meter-Körper zu lösen war. Unter dem Blaumann fanden wir noch einen Angora-Nierenwärmer, den ihm wahrscheinlich Mutti umgebunden hatte, bevor der Recke todesmutig in den Karneval aufbrach.

Gleich nach dem Aufwachen ist Fabian Kalff wütend. Offensichtlich hat er sich den Verlauf dieser Weiberfastnacht anders vorgestellt. Statt orgiastischem Geknutsche zu *Mer losse der Dom in Kölle* liegt er jetzt in zerstörtem Kostüm in einem sterilen Zimmer und muss sich von mir anhören, dass er demnächst alkoholtechnisch mal lieber die Kirche im Dorf lassen solle.

»Hä?«, sagt er übellaunig und wuchtet sich erstaunlich behände aus dem Bett. In aggressiver Saulaune poltert er auf den Flur und versetzt meine Kolleginnen in eine Mischung aus Belustigung und Angst. Einen so zornig wie irritiert herumstapfenden Marshmallow-Mann[50] bekommt man auf unserer Station auch nicht jeden Tag zu sehen.

Doch Marion, unser Spatz, kann den furiosen Fabian zur Räson bringen: »Herrschaftszeiten, wäre mir das peinlich, wenn ich deine Mutter wäre.«

»Ey, fang nicht mit meiner Mutter an.« Fabians Stimme überschlägt sich ein wenig: eine Reminiszenz an den Stimmbruch, der bei ihm ja nun nicht so lange zurückliegen dürfte.

»Du gehst jetzt wieder in dein Bett. Sofort!« Marions Kommandoton ist mal wieder unwiderstehlich. Trotzdem versucht sich Fabian mit schulhof-erprobter Widerrede:

»Ey, deine Mutter geht ins Bett.«

»Nein, meine Mutter ist tot«, sagt Marion. »Und deine kommt gleich auf Station.«

Irgendwas scheint im restalkoholisierten Hirn des Rüpels kurzzuschließen. Zumindest sagt er nichts mehr, sondern trottet wie ein verstörter Bär zurück in sein Zimmer.

Es gibt auch die Fälle, die völlig aus der Reihe tanzen, beziehungsweise in denen ein Patient gehörig aus der Reihe tanzt. Nehmen wir einmal den einundzwanzigjährigen Azubi Matthias »Kalle« Busch, der eines Nachts von seinem Zimmer in ein anderes torkelt. Natürlich gibt die Monitoranlage einen Warnton ab, wenn sich eine Elektrode von der Patientenbrust löst. Allerdings reagieren Rosamunde, Christian und ich nicht ganz so prompt auf dieses Signal, schließlich haben wir es in unserem heutigen Nachtdienst schon siebenundzwanzig Mal gehört, weil sich der stockbesoffene Neuankömmling alle paar Minuten auf den Bauch gedreht hat. Jetzt aber hat er sich losgerissen und geistert durch die Gegend.

Drei Minuten später geht Rosamunde los, um nachzusehen, und sieht aus dem Augenwinkel etwas im Nachbarzimmer, das sie stutzen lässt. Mit freiem Oberkörper steht dort ein Mann am Bett von Herrn Schorn, einem professionellen Alkoholiker, den wir vor ein paar Stunden mal wieder schutzintubieren mussten und der nun seinen Rausch ausschläft. Etwas verwirrt fragt Rosamunde halblaut in den Raum: »Christian?« Aber warum sollte unser Kollege mit nacktem Oberkörper am Bett von Herrn Schorn herumstehen? Rosamunde geht näher heran, um das Rätsel zu lösen. Und siehe: Es ist Azubi Kalle, der mit bedächtigen Handbewegungen die Bettdecke von Herrn Schorn glattstreicht. Vielleicht handelt es sich um die zärtliche Geste einer Schnapsdrossel gegenüber der anderen. Beinahe zärtlich tropft auch das Blut aus Kalles Brust auf den schlafenden Schorn, der sich friedlich vom Beatmungsgerät beschnaufen lässt. Ja, Kalle, der Hackedichte, hat sich auch gleich die lästige Infusionsleitung mitsamt Venenzugang entfernt und die Einstichstelle tröpfelt vor sich hin. So klärt sich nun auch die Sache mit dem Warnton.

Rosamunde spricht Kalle an, aber der reagiert nicht. Sie fasst ihn an der Hüfte und geleitet ihn zurück zu seinem Bett. Das geht problemlos. Auch die Elektroden kann Rosamunde anschließen, ohne dass der Patient muckt.

Vermutlich hat er sich im Traum zu Herrn Schorn verirrt, weil ihn der Alkoholgeruch angelockt hat. Das ist zumindest Christians Theorie, als Rosamunde kurz darauf die kleine Episode im Sozialraum erzählt.

»Vielleicht musste er mal«, werfe ich ein und beiße in meine Stulle. Rosamunde und Christian nicken ernst.

»Stimmt, da hätte ich auch drauf kommen können«, sagt Rosamunde mehr zu sich selbst. Dann stehen wir auf, um nachzusehen.

Wie drei nächtliche Engelserscheinungen manifestieren wir uns am Bett von Herrn Schorn. Die Decke sieht nicht so aus, als ob jemand daraufgepisst hätte. Allerdings nimmt Rosamunde plötzlich Witterung auf und klappt die Decke zurück. Darunter breitet sich auf Herrn Schorns Nachthemd und dem Bettlaken eine Urinlache aus.

»Immerhin hat er den Deckel wieder zugemacht«, sagt Rosamunde.

Eine weitere Geschichte mit Seltenheitswert ist die von der Prinzessin. Viele Frauen, die heiraten, möchten sich auf ihrer Hochzeit wie eine Prinzessin fühlen. Die schlanke, blonde Frau, die ein stark berüschtes Hochzeitskleid und seit ein paar Stunden den Namen Herles trägt, sah vielleicht ihre Erwartungen enttäuscht und versuchte, sich den Abend schön zu trinken. Leider eskalierte die Hochzeitsfeier und angefeuert von etlichen Schnäpsen und alten Familienzwistigkeiten begann eine wilde Schlägerei unter den Gästen. Mit dem guten Vorsatz, zu schlichten, mischte sich die Braut ein, fand sich aber plötzlich selbst in eine Mischung aus Faustkampf, Wrestling und Haarereißen mit ihrer Cousine verwickelt, bis sich deren Mann einmischte und auch noch eine gezimmert bekam. Das Brautkleid sah reichlich zerrupft und fast schon verrucht aus, als Polizisten anrückten, um die aus dem Ruder gelaufene Hochzeitsfeier zu befrieden. Nach einigen schlecht gezielten Flaschenwürfen in Richtung der Beamten und einer letzten Pirouette, die sie drehte, bevor sie die Besinnung verlor, wurde die entfesselte Prinzessin vom dazugerufenen Notarzt bei uns eingeliefert. Immerhin hatte diese Szene die anderen Raufbolde vom Hauen und Treten abgelenkt und sie standen betreten dabei, als die Braut das Fest in einer Limousine der besonderen Art verließ.

Da Frau Herles besonders gewalttätig aufgetreten war, wird eine Fixierung angeordnet. Und das zu Recht, denn als sie wach wird, flippt sie gleich wieder aus. Wenn auch ihre Hochzeitsfeier vielleicht nicht ihren Vorstellungen entsprochen hat: Auf der Intensivstation wach zu werden, an Händen und Füßen und mit einem Bauchgurt an ein Bett gefesselt, entspricht definitiv noch weniger ihrer Vorstellung von Romantik. Das lässt sie uns lautstark wissen, schreit wie am Spieß und lässt sich nicht beruhigen, ganz gleich, was Krankenschwestern oder Ärztinnen der verpeilten Braut nahezubringen versuchen. Sie windet sich wie ein Dackel, der sich in einem Kaninchenbau verkeilt hat, und die Perlen, die in ihrer ehemals eleganten Frisur gesteckt haben, fliegen durchs Zimmer. Dann, plötzlich, und noch bevor der diensthabende Internist ein Beruhigungsmittel verabreicht, schläft Frau Herles einfach ein.

Da liegt sie nun in ihrem derangierten Kleid und mit zerzausten Haaren, die Gesichtszüge plötzlich glatt und entspannt: eine hübsche, friedliche Prinzessin im Dornröschenschlaf.

Eine andere Art von Krawallschachtel ist Herr Heck, ein fünfundzwanzigjähriger, spindeldürrer Mann, der anscheinend eine sehr enthemmende Substanz zu sich genommen hat. Da er alle Personen, die sich ihm nähern, in hanebüchene Sexphantasien einbezieht und er schon mehrfach versucht hat, die Station ohne Hose zu verlassen und meine Kollegin Yvonne zu küssen, haben wir ihn ebenfalls fixiert. Er zischt Yvonne an, die langbeinig, blond und mit strahlend blauen Augen anscheinend genau sein Typ ist. Er ist allerdings nicht Yvonnes Typ. Da kann er sich noch so sehr in seine mit roten Haarflusen bedeckte Hühnerbrust werfen.

»Übernimm du mal«, sagt sie entnervt zu mir. »Ich geh da nicht mehr rein.«

Herr Heck sieht sich vermutlich als sinnlicher Verführer, der mit Hilfe subtiler erotischer Signale zunehmend unsere Sinne bestrickt. Wir hingegen sehen einen Hänfling, dessen wässrig blaue Augen immer wieder in verschiedene Richtungen rollen, während seine ausgetrocknete Zunge heraushängt und wie bei einer Schlange im Raum herumschlingert. Wenn er genug herumgezüngelt hat, stellt er gerne in der beknackten Sprechweise Klaus Kinskis fest: »Ihr wollt doch alle meinen Schwanz. Kommt schon, ihr geilen Muschis, ich leck eure Brüste.« Als wäre der Gott Pan selbst in ihn gefahren, stößt er zwischen solchen Vorschlägen ein meckerndes Ziegenlachen aus. Dabei hat er noch nicht einmal ganz unrecht. Die Yvonne ablösende Mangaprinzessin und ich beugen uns tatsächlich über sein Bett und greifen beherzt nach seinem Penis. Nicht etwa, weil Herr Heck seit zwei Stunden auf eine Sexorgie im Krankenbett spekuliert, sondern weil wir wissen müssen, was für ein Zeug er sich reingepfiffen hat. Genauer gesagt brauchen wir seinen Urin, um damit einen Drug-Screen zu machen. Während ich also unter begeistertem Gejohle des Rotschopfs versuche, seinen Penis ruhig zu halten, damit Julia ihn katheterisieren kann, lässt der Sex-Kasper seine Hüfte kreisen oder stößt sein Becken erwartungsfroh in unsere Richtung.

»Ja«, keckert er, »jetzt geht's hier Richtung rund, Ladys!« Als er kurz mit dem Gezappel innehält, um wieder mit seinem natternhaften Gezüngel zu beginnen, nutzt Julia kaltblütig den Moment, schiebt den Katheter in seine Harnröhre und ich kann etwas Urin in einem Becher auffangen. Dort hinein tunken wir die Teststreifen des Drogentests. Gespannt warten wir eine Minute. Derweil bäumt sich Heck in seinem Bett auf.

»Alles negativ«, stellen wir fest. Kein Morphin, kein Ecstasy, weder Amphetamine noch THC, nichts von den Substanzen, die man mit diesem Test nachweisen kann. Es bleibt ein Mysterium, was Herrn Heck so in Wallung bringt. Vielleicht haben die Freikirchler doch recht: Der Teufel und seine Dämonen fahren in manche seiner Diener, um skandalösen Mumpitz vom Zaun zu brechen.

Der Zustand des Sex-Dämons bleibt noch zwei Stunden unverändert. Dann schläft Herr Heck ein und erwacht als eingeschüchterter junger Mann, der niemandem in die Augen sehen kann.

Zu den Intox-Aufnahmen zählen auch die Patienten und Patientinnen, die sich in suizidaler Absicht all die Tabletten einwerfen, die sie im Badezimmerschränkchen oder der Schublade des Nachttisches ihrer Mutter finden können.

Herr Trenkner hat den ganzen Blister seiner Antidepressiva nicht deswegen gefuttert, weil er davon ausging, dass ihn das in ein Stimmungshoch versetzen würde. Er wusste, dass das lebensbedrohlich ist. Allerdings war er sich dann doch nicht wirklich sicher, ob er sterben wollte, und rief selbst den Notarzt an. Nach einem Anruf bei der Gift-Notrufzentrale wird ihm das passende Gegenmittel verabreicht, und weil er noch dazu einiges an Paracetamol eingenommen hat, bekommt er einen speziellen Schüttelshake aus sterilisiertem Kohlenstaub-Pulver. Der schwarze Saft färbt seine Lippen und Zähne grau. Er lugt mit traurigen, grün-braunen Wauzi-Augen unter seinem fransigen Pony hervor und erzählt vom drohenden Verlust seines Ausbildungsplatzes und vom Streit mit seiner Freundin. Davon wollte er weg, wie er sich ausdrückt. Drei Tage muss er zur Überwachung seines Herzrhythmus bei uns bleiben, bevor er zur Weiterbehandlung in die Psychiatrie verlegt werden kann, und weil er sich einsichtig und kooperativ zeigt, darf er auch das kleine Patienten-WC auf unserem Flur benutzen. Wie ein müder, lieber Teddybär wackelt er manchmal in Begleitung einer Schwester oder eines Pflegers über den Gang und lächelt lieb vor sich hin.

Am dritten Tag passiert etwas Unerwartetes. Der Krankentransport in die Psychiatrie ist für 10.30 Uhr bestellt und Herr Trenkner packt schon mal seine Tasche. Ich höre ihn hinter dem Sichtschutz rascheln und kramen, während ich bei der Patientin im vorderen Bett einen Verband wechsele. Dann allerdings höre ich ein Geräusch, das mich stutzig werden lässt: den Reißverschluss einer Jacke, der sehr resolut geschlossen wird. Herr Trenkner tritt hinter dem Sichtschutz hervor und sieht nicht mehr aus wie ein flauschiger Teddybär. Jetzt erinnert er mich mehr an einen Marder, der geduckt und zielstrebig aus einem Hühnerstall kommt, in dem er vorher mehr Hühnern den Kopf abgerissen hat, als er fressen kann.

»Ich gehe jetzt«, sagt er mit kalten Augen. Ich mache einen Schritt auf ihn zu und strecke ihm meine Hand als Stoppzeichen entgegen: »Ich glaube nicht, dass das geht.«

Herr Trenkner kommt mir mit einem aggressiven Schritt entgegen und ich überdenke meine Strategie in Millisekunden und trete zur Seite. Ich habe schon gesehen, wie einem Kollegen das Daumengrundgelenk ausgekugelt worden ist, als er einen Wirrkopf am Gehen hindern wollte. Der gleiche Wirrkopf hat kurz darauf einer Schwester vor die Brust getreten. Meine Bereitschaft, Ähnliches zu erleben, hält sich in Grenzen. Die meisten meiner Kolleginnen und Kollegen handhaben das auch so. Niemand möchte eine gebrochene Nase, ausgekugelte kleine oder große Gelenke oder Rippenprellungen in Kauf nehmen. Stattdessen rufe ich sofort unseren Oberarzt, Doktor Druck, an.

Als Herr Trenkner die Schiebetür unserer Station öffnet, sehe ich Druck aus dem langen Krankenhausflur der uns gegenüberliegenden Station in unsere Richtung rennen. Herr Trenkner bleibt stehen. Druck ist ein etwas untersetzter Mann Anfang vierzig, der sein Haar kurz geschnitten und seine Geheimratsecken mit Würde trägt. Seine freundlichen, braunen Augen mit den dunklen Ringen darunter sind von einer runden Brille umrahmt. Wie er jetzt da im Flur näher kommt und immer größer zu werden scheint, erinnert er an Kung-Fu-Panda. Knuffig auf der einen Seite, aber auch erstaunlich behände auf der anderen. Als Verstärkung flankiert ihn Doktor Ahl.

Herr Trenkner überwindet seine Starre und biegt ab zu den Aufzügen. Nach einem kurzen Disput, in dem Druck den Patienten in seinem strengen, väterlichen Ton ermahnt, kooperativ zu bleiben, kommt es zu einem Handgemenge, in dessen Verlauf zum Glück nur Drucks Arztkittel zu Schaden kommt. Die abgerissene Brusttasche baumelt nur noch an einem Faden herunter, die Stifte und die Minitaschenlampe, die darin gesteckt haben, rollen über den Boden. Herr Trenkner springt zurück und greift in die Innentasche seiner Jacke.

»Ich kann auch ein Messer ziehen«, sagt er mit sich überschlagender Stimme. Druck und Ahl heben beschwichtigend die Hände und der Patient flüchtet ins Treppenhaus.

Etwas außer Puste, aber erstaunlich gelassen zückt Druck sein Telefon und ruft die Polizei an. Die legt auch gleich mit einer Fahndung los. Diese Fahndung besteht darin, dass zwei Streifenpolizisten die Straße zu unserem Krankenhaus entlangfahren, Herrn Trenkner dort einsammeln und dann noch kurz bei uns vorbeischauen, um Bescheid zu geben. Links und rechts von Herrn Trenkner in Handschellen stehen sie in der Tür zu unserem Stationsflur.

»Ich wollte mich nur noch entschuldigen«, sagt Herr Trenkner mit fast knabenhafter Stimme und matten, traurigen Augen. Irgendwie muss ich wieder an einen Teddybären denken – aber einen ausrangierten Teddybären, der vergessen auf einem Sperrmüllhaufen sitzt.

8 Nein, ich weiß nicht, wo Mekka liegt – Multikulturelle Verwicklungen

Durch das Patientenzimmer rascheln kegelförmige Gestalten und klagen herzzerreißend. Sie erinnern mich an wohlgenährte Pinguine. Und noch mehr an die Barbapapa-Figuren, die in meiner Kindheit beinlos über den Fernsehbildschirm schwebten. Die Jammernden sind komplett in schwarzen Stoff gehüllt. Auch die Gesichter sind bedeckt, in einem Fall sogar von einer fein gearbeiteten Bronzemaske. Aus den schwarzen Roben lugen kleine Hände heraus, manche davon in flehenden Gesten gen Himmel gereckt. So lamentieren und gestikulieren die Vermummten um das Bett von Herrn Keser. Der Dreiundsechzigjährige liegt reglos da, ein schnurrbärtiges Auge des Orkans. Zwischen ihm und den wehklagenden Frauen hat sich ein Ring aus Männern zwischen fünfzehn und fünfundsechzig Jahren gebildet. Auch sie weinen oder stöhnen, halten die gefalteten Hände inbrünstig vor ihren Köpfen oder küssen den Bettlägerigen auf Wange oder Stirn.

Herr Keser hat gerade eine mehrstündige Kausch-Whippel-Operation[51] hinter sich und ist noch ziemlich schlapp. Aber er hat darum gebeten, dass seine Familie zu ihm darf, sobald er den Eingriff ohne Komplikationen überstanden hat. In meiner Naivität bin ich bei dem Begriff »Familie« von der heutigen deutschen Kleinfamilie mit Vater und Mutter ausgegangen. Manchmal gibt es noch ein bockiges Kind und eine mürrische Oma, die dann aber beide keine Lust haben, zu Besuch zu kommen. Jetzt zähle ich fünfzehn Menschen im Zimmer und vor der Tür stehen weitere acht, die sich bereits lautstark beschwert haben, dass Doktor Ahl ihnen den Zutritt verweigert hat. Und dass hier niemand genau weiß, wo Mekka liegt. Man wolle doch die Salat beten. Nun soll ich vermitteln. Dabei kenne ich nur den Salat und weiß: Wenn wir den haben, hilft auch kein Beten. Ich soll ein paar der Trauerklöße aus Herrn Kesers Zimmer nach draußen schicken, damit ein paar andere reinkönnen. Das klingt einfach, aber erste zaghafte Versuche zeigen: Keiner will gehen. Das Trauern beim Kranken ist Pflicht und Ehrensache in einem. Obendrein soll ich erklären, dass in einer halben Stunde ein zusätzlicher Patient ins Zimmer gebracht wird und wir uns dann wieder an die regulären Besucherbestimmungen halten müssen. Und die sehen vor, dass nicht mehr als zwei Besucher zur gleichen Zeit ans Bett des Patienten dürfen, und das auch nur während der offiziellen Besuchszeit von 15.00 bis 19.00 Uhr.

Ich muss gestehen, dass ich mich in all meinen Berufsjahren nie ernsthaft über Bräuche und Gepflogenheiten anderer Kulturen informiert habe. Ich nehme jeden Patienten und jeden Angehörigen als unverwechselbares Individuum und lasse mich überraschen, was das im Einzelfall bedeutet. Im Großen und Ganzen fahre ich gut damit, zumal sich aus der Herkunft eines Menschen nur bedingt Rückschlüsse auf seine Bedürfnisse und sein Verhalten ziehen lassen.

Nehmen wir einmal Menschen türkischer Herkunft: Ich habe junge Männer mit Gebetsketten herumhantieren sehen, die nicht wussten, was der Unterschied zwischen Schiiten und Sunniten ist. Ich habe ältere Männer auf unserer Station gesehen, die im kommunistischen Manifest blätterten und es albern fanden, dass ihre Frau seit Jahrzehnten daran festhielt, ein Kopftuch zu tragen. Ich habe junge Frauen gesehen, die zum Christentum konvertiert waren, weil ihr deutscher Freund zu einer Freikirchen-Bewegung gehörte. Und nun sehe ich eben fünfzehn Wehklagende, die mich an ambitionierte Fantasy-Rollenspieler erinnern.

Vielleicht verstellen mir meine Erziehung und das Aufwachsen in einer nicht sonderlich religiösen Kultur den Blick – aber ich kann mir nicht vorstellen, dass dieses ritualisiert vollzogene Trauern aus tiefstem Herzen kommt. Man kann doch nicht auf Knopfdruck so abgehen. Andererseits: Wenn ich an das Gesinge und Geschunkel denke, dass manche Rheinländer am 11.11. Punkt 11.11 Uhr vom Zaun brechen, dann drängt sich folgende Überlegung auf: Der Appetit kommt beim Essen. Die Tradition gibt den Ruck, die Emotionen kommen dann von ganz alleine. Die Rheinländer nutzen allerdings für ihre emotionale Entgrenzung in der Regel reichlich Alkohol. Und der steht hier und heute eindeutig nicht zur Verfügung. Auch Herr Keser war stocknüchtern, als er mir sagte: »Nur die nächsten Angehörigen.« Wie um alles in der Welt kommt man da auf dreiundzwanzig Personen? Wenn meine Herkunftsfamilie ein Familientreffen mit den entferntesten Angehörigen anberaumen würde – wir kämen kaum auf dreiundzwanzig Leute. Vielleicht ist es eine Frage der Definition und Herr Keser meint mit den nächsten Angehörigen auch Nichten, Neffen, Großonkel, Kleintanten, Halb-Cousinen und Schwippschwager.

»Hallo«, sage ich laut und freundlich, aber niemand nimmt von mir Notiz. Das Heulen geht einfach weiter. Ich sage noch mal »Hallo« und »Entschuldigung«, aber die Anwesenden sind so von ihrem Trauerkult absorbiert, dass ich nicht zu ihnen durchdringe. Ich kämpfe mich ans Bett von Herrn Keser vor, schiebe einen jungen Küsser zur Seite und bitte dann den Patienten, einmal für Ruhe zu sorgen und zu sagen, dass jetzt acht rausgehen müssten.

Herr Keser räuspert sich leise. Sofort wird es still im Zimmer. Alle hängen an seinen Lippen. Das Familienoberhaupt spricht auf Türkisch. In meinen Ohren könnte er alles sagen, zum Beispiel: »He, hört mal her. Die Kittel-Kartoffel da meint, ihr könnt jetzt auch noch die anderen reinholen und alle über Nacht bleiben, aber nur, wenn ihr noch viel lauter heult. Falleri und inschallah.« Aber offenbar sagt er etwas anderes, denn jetzt setzt ein zwar leises, aber energisches Diskutieren ein. Schließlich ist der Handel abgeschlossen: Die Jüngeren verlassen den Raum. Offensichtlich haben die Älteren hier die Diskurshoheit. Ich begleite sie vor die Tür und winke die anderen rein, nicht ohne zu erwähnen, dass in einer halben Stunde Schluss mit Massenauflauf und Mummenschanz ist. Wieder scheint mir keiner zuzuhören.

Als wir schließlich den zweiten Patienten ins Zimmer rollen, ziehen sich die Trauernden tatsächlich vor die Stationstür zurück und handeln nach einem für mich undurchsichtigen System Zweiergruppen aus, die in bestimmten Abständen zu Herrn Keser dürfen. Nun ist es allerdings vor der Eingangstür zu voll, um ein reibungsloses Arbeiten zu ermöglichen. Ich versuche herauszufinden, wer das stellvertretende Familienoberhaupt ist, wenn Herr Keser einmal nicht zur Verfügung steht. Ich entscheide mich für einen Mann mit prächtigem schwarz-silbernem Schnauzbart und bitte ihn, den Eingangsbereich zu räumen und die Mehrheit der Anwesenden in die Cafeteria zu lotsen. Er nickt verständig und mit einer fröhlichen Entschlossenheit, aus der ich herauslese, dass er sich über die verantwortungsvolle Aufgabe freut. Kurz darauf setzt wieder eine lebhafte Diskussion ein, in deren Verlauf der Silberschnauz mit einer der Vermummten aneinandergerät. Ganz so einfach scheint es mit den Machtverhältnissen in der Gruppe doch nicht zu sein.

Am nächsten Tag bringt mir die Frau mit der Bronzemaske zwei große Tupperdosen mit. In der einen liegen wie Zigarren in einer Kiste Blätterteigröllchen, lecker gefüllt mit Schafskäse und Spinat. In der anderen harmlos aussehendes Gebäck. Diese Baklava sind allerdings so süß, dass sie bedenklich an meinen Plomben ziehen. Mehr als über die kulinarischen Dankesgeschenke wundere ich mich über das akzentfreie Deutsch, mit dem die Frau mir die Gaben reicht. Ich bringe das nicht zusammen: Diese gesellschaftlich isolierende Ganzkörperverhüllung und ein Deutsch, das so klingt, als ginge Frau Bronzemaske seit Jahren zum Stammtisch deutscher Unternehmerinnen.

Nuray Öztürk ist zweiundzwanzig Jahre alt und wirkt auf mich nicht gerade streng religiös. Ein blutendes Magengeschwür hat sie auf unsere Station gebracht. Jetzt liegt sie da, blass und schwarzhaarig wie Schneewittchen, während ihr blonder Freund mit der hipp zerwuschelten Frisur neben ihrem Bett sitzt und ihre Hand hält. Ob seine Jeansjacke zurzeit bei den jungen Leuten in oder out oder weder-noch ist, weiß ich nicht. Ich komme in der verwirrenden Welt jugendlicher Mode schon seit ein paar Jahren nicht mehr mit.

»Könnte ich meine Eltern anrufen, bitte?« Nuray sieht mich aus ihren dunklen Augen so ernst an, als ginge es um einen Anruf im Weißen Haus. Kurz darauf höre ich sie in den Hörer lügen: »Ja, im Krankenhaus. Meine Mitbewohnerin hat mich gebracht. Genau, die Iris.«

Das mit dem Krankenhaus stimmt ja noch. Aber der junge Mann, der Nuray zu uns gebracht hat und mit dem sie zusammenwohnt, heißt nicht Iris, sondern Martin. Und er ist auch nicht bloß ein Mitbewohner. Ich bin bereits eingeweiht: Nuray wohnt mit ihrem

Freund zusammen, aber für ihre Eltern existiert eine Alternativversion. Das geht schon seit einem Jahr so, und ich frage mich, was die beiden Heimlichtuer machen, wenn Nurays Eltern in der angeblichen Frauen-WG auf einen Besuch vorbeischauen: Dürfen die Eltern nur Diele und Küche betreten? Gibt es eine Miet-Iris, die für solche Fälle rasch herbeizitiert wird? Muss Martin in einem eigenen, komplett mädchenhaft eingerichteten Zimmer wohnen? Was für ein Stress! Kein Wunder, dass die junge Frau so ein heftiges Magengeschwür bekommen hat. Und was müssen das für durchgeknallte Fundamentalisten-Eltern sein, wenn die Tochter ihren Freund verheimlichen muss, nur weil der getauft statt beschnitten ist?

Als dann am frühen Abend die Eltern von Nuray Öztürk auf der Station auftauchen, bin ich überrascht: Eine schicke Frau in Jeans und Stöckelschuhen und mit ordentlich Kajal im Gesicht stolziert an der Seite eines Mannes herein, der als türkische Antwort auf George Clooney durchgeht. Wieso trägt keiner von denen ein Kopftuch oder einen Schnauzbart? Noch überraschter sind allerdings Nuray und Martin, denn der Besuch kommt viel früher als erwartet und Martin sitzt noch im Zimmer. Auf den Flur kann er bereits nicht mehr, ohne dabei gesehen zu werden, wie er aus Nurays Zimmer kommt. Wir könnten ihn hinter dem Paravent verstecken, aber dort liegt Frau Trinkaus und würde sich womöglich von einem hyperventilierenden Jungmann gestört fühlen.

Rosamunde Dulldrap erfasst die Situation sofort und schickt mich los, um einen Pflegerkittel zu holen und unbemerkt ins Zimmer zu bringen. Sie hält unterdessen die Öztürks auf, indem sie die beiden vor dem Zimmer abfängt und in ein Gespräch verwickelt. Ich eile los. Mein Herz klopft. Was für ein Blödsinn. Ich bin aufgeregt, weil ich mich in ein bescheuertes Beziehungsdrama habe verwickeln lassen, das mich wütend macht, wenn ich darüber nachdenke. Es ist doch schlicht und ergreifend Ausdruck von Rassismus, wenn man der eigenen Tochter verbietet, mit einem Mann zusammen zu sein, der aus einer anderen Kultur kommt. Gut, die Öztürks würden vermutlich nicht völkisch, sondern religiös argumentieren und sagen, es ginge halt nur mit einem Muslim, so wie diese neurechten Islamgegner ja auch nicht über Blutgruppen und Gene, sondern über unvereinbare Kulturen dozieren. So oder so: Den Öztürks müsste man die Meinung geigen, anstatt diesen Kittelblödsinn aufzuführen. Aber das könnte wohl nur die Tochter, und die behauptet, ihr Vater bekommt einen Herzanfall, wenn sie ihm von ihrem deutschen Lover erzählt. Vielleicht hat das gute Kind auch einfach zu viel *Gute Zeiten, Schlechte Zeiten* geguckt.

Ich bringe den Pflegerkittel unter einer Garnitur Bettwäsche ins Zimmer. Martin wirft ihn schnell über und geht dann mit mir zusammen an den Öztürks vorbei. Ich kann nur hoffen, dass sich das adrette Paar in diesem Moment nicht folgende Fragen stellt: Warum trägt dieser erstaunlich junge Krankenpfleger Lederschuhe? Warum beult sich sein schlecht sitzender Kittel an den Schultern so seltsam? Und warum bringt die dicke Krankenschwester die Bettwäsche jetzt wieder aus dem Zimmer raus? Aber wie es oft so ist: Man sieht, was man erwartet, und wenn man nicht gerade in größter Skepsis seine Umgebung beobachtet, dann kann auch ein Gorilla über den Stationsflur rennen, ohne dass man es mitbekommt.[52]

Als Nuray Öztürk das Krankenhaus verlässt, ist nichts gelöst, und die Heimlichtuerei geht sicher noch eine Weile weiter. Bis vielleicht irgendwann Martin ein Magengeschwür hat oder Herr Öztürk seinen Herzanfall oder die Eltern Öztürk sagen: »Ach so, na dann. Ja gut. Warum hast du nichts gesagt?« Und dann feiern alle zusammen bei Martins Eltern ein großes Ramadan-Fastenbrechen mit Schweinebraten, Bauchtanz und bayrischem Bier. Oder so ähnlich.

Es wird ja von manchen selbsternannten Experten verkündet, die muslimischen Bürger seien besonders schlecht in Deutschland integriert, während die Ostasiaten vom Vietnamesen bis zur Japanerin Musterbeispiele von Lernwillen und Anpassungsfähigkeit wären. Eine Vietnamesin hat mir mal erzählt, dass das mit dem Lernwillen bei vielen stimmt, die Frage nach Integration aber oft auf einem ganz anderen Blatt stünde. Ich kann es nicht beurteilen und halte auch nicht allzu viel von grobkörnigen Statistiken oder gefühltem Wissen. Ich weiß nur, dass Frau Hsü seit zwei Jahren in Deutschland lebt und kein Wort Deutsch spricht. Sie ist die erste chinesische Patientin, die ich betreue, und wenn ihr Sohn nicht wäre, wäre ich völlig aufgeschmissen.

Ich verstehe nichts von dem, was Frau Hsü sagt, zeigt oder mimisch andeutet. Ihr Sohn kommt zweimal am Tag, um ihr etwas zu essen zu bringen. Das deutsche Essen ist Frau Hsü entschieden zu exotisch. Als sie einmal einen Hering in Sahne sah, stand sie kurz davor, sich zu übergeben. So wie ich es vielleicht bei Hühnerfuß-Keksen oder Hamstergulasch täte.

Der junge Hsü bringt Behälter mit Reis und Gemüse und Eintöpfe, in denen bizarr aussehende Innereien schwimmen. Er spricht gut Deutsch, trägt immer das gleiche dunkelblaue Jackett über weißem Hemd und einen etwas altbacken wirkenden Seitenscheitel. Vor seiner Mutter scheint er größte Hochachtung zu haben. Bei allen möglichen Gelegenheiten verbeugt er sich vor ihr und wird sofort still, wenn sie mit ihrer leisen, schneidenden Stimme etwas sagt. Seine ernste, gewissenhafte Art hat etwas Rührendes. Sie wirkt auf mich allerdings auch übertrieben wie das Mienenspiel eines Stummfilmschauspielers.

Frau Hsü ist mit einer Bradykardie[53] zu uns gekommen. Weil sie immer friert, trägt sie Tag und Nacht eine dunkelgrüne Wollmütze.

Damit sieht sie aus wie ein tibetischer Sherpa, der auf TV-Comedian umschult. Mit dieser tief in die Stirn gezogenen Mütze und ihrem stoischen Runzelgesicht liefert Frau Hsü auf jeden Fall eine starke Darbietung. Jetzt müsste ich nur noch verstehen, was sie von mir will, wenn sie etwas sagt oder mit den Händen herumfuchtelt. Ich kann noch nicht einmal einschätzen, ob Frau Hsü in diesen Momenten gut oder schlecht gelaunt ist, ob sie ungeduldig wird oder sich ärgert oder bloß mitteilen will, dass die Nachmittagssonne so schön ins Zimmer scheint. Vielleicht verkündet sie auch hochinteressante taoistische Weisheiten wie: »Alle Frauenkleider sind nur Variationen des ewigen Streites zwischen dem eingestandenen Wunsch, sich zu kleiden, und dem uneingestandenen Wunsch, sich zu entkleiden.«

Mich beschleicht allerdings beim partiellen Entkleiden von Frau Hsü allmählich die Ahnung, dass ihre Äußerungen etwas mit dem Steckbecken zu tun haben. Zweimal am Tag lupfe ich ihre Hose, hebe ihren kleinen, dünnen Körper an und schiebe ihr dann ein Steckbecken unter den Hintern. Gemütlich ist das nicht, aber weitaus weniger aufwendig, als eine geschwächte, dürre Seniorin zur Toilette zu chauffieren. Wenn Frau Hsü nicht reden und gestikulieren würde, ginge es noch einfacher.

Als ihr Sohn wieder zu Besuch kommt, bitte ich ihn, seine Mutter zu fragen, ob er etwas für sie übersetzen soll. Ich hätte so den Verdacht, dass Frau Hsü mir etwas mitteilen will. Herr Hsü nickt dienstbeflissen, anstatt nun aber mit seiner Mutter zu reden, holt er einen Bogen Papier und einen Tuschestift aus seinem Jackett. So eifrig wie umständlich positioniert er das Blatt für seine Mutter auf der ausklappbaren Unterlage des Patientenbettes und verbeugt sich schließlich. Die Sherpa-Komikerin fängt an zu zeichnen. Was soll das jetzt? Will sich die Alte mit Kalligraphie entspannen? Ich werde seltsam neugierig und starre auf das Blatt. Was zunächst wie eines der Abertausenden chinesischen Schriftzeichen aussieht, entpuppt sich auf den zweiten Blick als die kunstvolle Miniaturzeichnung einer Toilette. Ich sehe Herrn Hsü an. Er senkt den Blick.

Nicht aus dem Fernen, sondern aus dem Nahen Osten kommen Frau Arif und Frau Hosseini. Die beiden Afghaninnen werden eingeliefert, nachdem sie sich im Botanischen Garten unserer Stadt den Bauch mit Tollkirschen vollgeschlagen haben. Die beiden Naschkatzen haben bei den giftigen Früchten ordentlich zugelangt. Zumindest entnehme ich das den Übersetzungen der herbeigeeilten Kinder und dem eigenwilligen Zustand der mittelalten Damen. Sie liegen in getrennten Zimmern, wirken aber, als ob sie miteinander kommunizieren, und zwar in einer Sprache, die in einer fernen Galaxie gesprochen wird. Aufgerissene, rollende Augen. Hochgeworfene Arme. Irre Rachenlaute. Plötzliche Heulattacken. Absurdes Gelächter. Die zwei fahren ordentlich auf und sind ganz offensichtlich auf dem Trip ihres Lebens. Mit hennabemalten Händen schlagen die beiden nach Dingen, die keiner von uns sehen kann. Das blonde Luder fragt mich, ob die beiden sich wohl absichtlich so dermaßen zugedröhnt haben. Die Mangaprinzessin gibt ruhig zu bedenken, dass es sich um Anhängerinnen eines Hexenkultes handeln könnte. Paschtu oder Persisch kann niemand auf unserer Station. Und selbst wenn jemand von uns eine der beiden Sprachen sprechen würde – die beiden Nachtschatten-Eulen bewegen sich in einer Parallelwelt, zu der vermutlich nur Schamanen und andere Naturdrogen-Spezialisten Zugang erhalten.

Erst am nächsten Tag erfahren wir mehr. Bei Frau Arif sind die Symptome über Nacht abgeklungen und ihr Sohn kann uns übersetzen, was die erschöpfte Frau ihm leise zunuschelt. Sie und ihre Freundin haben im Büchlein *Magische Hausmittel* gelesen, dass Tollkirschen erstklassig bei den Beschwerden der Wechseljahre helfen. So etwas Profanes wie eine Mengenangabe hat sich der Verfasser des Büchleins gespart. Frau Hosseini und Frau Arif haben sich gedacht: Besser klotzen statt kleckern, und durften zur Belohnung eine Nacht lang kotzen und keckern.

Sie können froh sein, dass sie mit zwei Handvoll teuflischem Obst im Bauch nicht gänzlich aus den Latschen gekippt sind. Aber gegen die letzten Stunden werden ihnen in Zukunft Hitzewallungen und Stimmungsschwankungen wie ein Wellness-Urlaub erscheinen. Vor allem Frau Hosseini hat es böse erwischt. Der biochemische Spuk lässt sie nicht vom Wickel und sie muss am frühen Abend von unserer Station in die Psychiatrie verfrachtet werden.

Netterweise erzählt uns ihre älteste Tochter ein paar Tage später, dass sich Frau Hosseini wieder erholt hat und zu Hause ist. Allerdings schaue sie noch immer manchmal so über ihre Schulter, als ob Shaitan[54] persönlich hinter ihr her sei.

Manchmal habe ich es mit Patienten und Patientinnen zu tun, die zwar Deutsch sprechen, die ich aber trotzdem nicht verstehe. Bei Bayern kann der Spatz dolmetschen, mit Sachsen und Thüringern kommt die Mangaprinzessin gut klar. Für Schwaben und Badener ist Herr Ahl zuständig. Und viele Dialektsprecher geben sich große Mühe, ihre Sprachfärbung im Zaum zu halten. Irgendwie geht es also immer.

Ich habe schnell gelernt, dass für die meisten Menschen, die nicht aus unserer Region kommen, »Viertel elf« nicht etwa 11.15 Uhr, sondern 10.15 Uhr bedeutet. Auch dass andernorts Pfannkuchen Eierkuchen heißen, während Berliner Pfannkuchen genannt werden, lässt sich schnell klären. Und wenn Bayern unbedingt das ganze Bein Fuß nennen wollen – bitte schön!

Nur hin und wieder wird es kniffelig: Herr Johann ist ein rotwangiger Achtundsechzigjähriger mit so beeindruckend herabbaumelnden, riesigen Ohrläppchen, dass mein Blick immer wieder zu ihnen wandert. Vielleicht denkt er schon, dass ich schiele, weil ich statt seiner Augen seine Ohrlappen fixiere. Da ich keine Zeit zum Mittagessen hatte, gesellen sich sonderbare Gedanken zu dem Geschiele: »Die Dinger schön panieren und ab in die Pfanne damit.« Obendrein verspüre ich den Drang, an den Lappen zu ziehen. Vielleicht sind es ja die Reste eines Ferengi-Kostüms von der letzten Star-Trek-Convention. Das wär mal ein Schwank für den Sozialraum.

Herr Johann ist ein Aussiedler, und das Deutsch, das er spricht, ist mit antiquierten, regional eingefärbten Worten gespickt. Diese hübschen, aber unverständlichen Worte hat er in seinen ersten Lebensjahrzehnten in Neu-Stuttgart[55] am Asowschen Meer gelernt.

»Bitte«, sagt er. »Kann ich bald brunsen?«

Der verpeilte Peter sieht mich an. Ich sehe den verpeilten Peter an. Wir wissen nicht, was Herr Johann will.

»Bitte was?«, fragt Peter.

»Kann ich prunzen?«

Jetzt hat er eindeutig nicht »brunsen«, sondern »prunzen« gesagt, oder war es vielleicht »brunzen«? Peter nimmt mich zur Seite: »Vielleicht meint er rauchen?«

Keine Ahnung, wie Peter darauf kommt, aber er ist so nett, es mir zu erklären: »Na, ich denke da halt an Bunsenbrenner. Damit könnte man sich eine Zigarette anzünden. Und die Aussiedler meinen damit vielleicht das Benutzen eines Feuerzeugs. Und das steht synonym für Rauchen. Also übersetzt: Kann ich mir bitte eine Zigarette anzünden.«

Peter beeindruckt mich immer wieder. Wie man bei so großer Intelligenz zu so einem Schwachsinn kommen kann, ist schon atemberaubend.

»Das ist völlig an den Ohrläppchen herbeigezogen«, sage ich und merke, dass ich dringend etwas essen muss. Im Unterzucker büße ich meine Zurechnungsfähigkeit ein.

Peter zieht sich das Haargummi neu über den Pferdeschwanz und schlurft zurück zu Herrn Johann, der ungeduldig aus dem Zimmer ruft: »Bitte! Nun sagen Sie doch!«

»Könnten Sie ein anderes Wort benutzen?«, fragt Peter in seiner narkotisierenden Art.

»Was für ein anderes Wort?«, fragt Herr Johann.

»Das weiß ich doch nicht«, sagt Peter.

»Ich verstehe nicht. Anderes Wort statt ›Bitte‹?«

»Nein statt … äh … brunsen.«

»Herr Jesus! Ich meine seichen. Kann ich bitte seichen?«

Peter sieht mich hilflos an: »Er möchte bitte seichen.«

Ruft jemand »Jesus!«, kann es passieren, dass ihm unser Stations-Jesus Magnus Lichtbrot erscheint. Zumindest wenn der im Dienst ist. Diesmal manifestiert sich Magnus tatsächlich auf dem Flur und lächelt uns wissend an.

»Versucht es mal damit«, sagt er und reicht uns sein Mobiltelefon. Peter nimmt das Gerät ehrfürchtig entgegen, scheint dann aber nicht zu wissen, was er damit machen soll: Ein Video von Herrn Johann, wie er »brunsen« und »seichen« sagt? Eine Runde Quizduell spielen? Die Auskunft anrufen?

»Gib mal her«, sage ich ungeduldig und google schnell das Wort »brunsen«.

»Interessant«, sage ich nach ein paar Sekunden. »Brunsen ist ein Dorf in Niedersachsen. 293 Einwohner.«

»Hmm«, Peter legt den Kopf schief. »Vielleicht möchte Herr Johann nach Hause.« Ich kann nicht heraushören, ob Peter das ernsthaft glaubt.

Der zweite Google-Eintrag ist von einer Homepage namens *Sprachnudel*. Dort steht: »*Brunsen* bedeutet mit einem heftigen Strahl pinkeln.«

Das erklärt Herrn Johanns zunehmend verkniffenen Gesichtsausdruck. Allerdings trägt er einen Urinkatheter, der das für ihn regelt, auch wenn das Gefühl einer drückenden Blase bleiben kann. Auf den heftigen Strahl wird Herr Johann einstweilen verzichten müssen.

Während sprachliche Barrieren hin und wieder eine Rolle spielen, haben wir es nur sehr selten mit religiösen Hürden zu tun. Und mir ist nur eine Glaubensgemeinschaft bekannt, die einen veränderten Behandlungsablauf erforderlich macht: die Zeugen Jehovas.

Herr Mertes ist ein kleiner Mann, der wirkt, als wäre er einmal deutlich größer gewesen und dann auf seine jetzige Größe zusammengestaucht worden. Er ist nicht dick, aber alles an ihm wirkt breiter, sein Gesicht sitzt groß und rund auf seinen scheinbar quer verlängerten Schultern. Der Eindruck verstärkt sich noch durch sein graubraunes Haar, das auch ungekämmt in einen ordentlichen Mittelscheitel fällt. Herr Mertes ist, wie ich es verstanden habe, in seiner Zeugen-Jehovas-Gemeinde ein Prediger. Außerdem hat er sich den Oberschenkelhals gebrochen und hier kommt der geänderte Behandlungsablauf ins Spiel. Die Zeugen Jehovas lehnen Bluttransfusionen ab. Um das zu verstehen, muss man einen Blick in die Bibel werfen, die sich an mehreren Stellen gegen den Konsum von Blut ausspricht. Zum Beispiel im dritten Buch Mose 17,14: »Denn die Seele von jeder Art Fleisch ist sein Blut durch die

Seele darin. Demzufolge sprach ich zu den Söhnen Israels: ›Ihr sollt nicht das Blut von irgendeiner Art Fleisch essen, weil die Seele von jeder Art Fleisch sein Blut ist. Jeder, der es isst, wird [vom Leben] abgeschnitten werden.‹« In der Bibel steht auch, dass man die Finger von Hase und Klippdachs lassen soll, weil die zwar wiederkäuen, aber keine gespaltenen Klauen haben. Und vom Wildschwein, das zwar gespaltene Klauen hat, aber nicht wiederkäut.[56]

Feste, unverrückbare Regeln geben Sicherheit. Aber wenn ein Oberschenkelhalsknochen bricht, verliert der Patient in der Regel viel Blut. Normalerweise muss dann ein Erythrozyten-Konzentrat[57] verabreicht werden, um den Hämoglobin-Wert im Blut wieder zu normalisieren. Damit wir von dem kostbaren Saft genug auf Lager haben, spenden freigebige Menschen in eigens dafür eingerichteten Blutbanken. Manche Menschen spenden ihr eigenes Blut vor geplanten größeren OPs, um es dann nach der Operation wieder zugeführt zu bekommen. Aber auch das ist den Zeugen Jehovas verboten, auch wenn ich die entsprechende Bibelstelle noch nicht gefunden habe.

So dümpelt Herr Mertes blass und schlapp mit einem HB-Wert von 6,9 auch noch drei Tage nach der Hüftoperation auf unserer Station herum. Ich mache mir Sorgen um ihn. Er mutet seinem Körper eindeutig etwas zu, wenn er auf das Konzentrat verzichtet. Andererseits will sich auch keiner von uns mit den Zeugen Jehovas anlegen. Wer weiß, was dann passiert: Brennende Büsche, zu Salzsäulen erstarrte Schwestern oder lebenslanger Hausbesuch von »Erwachet!«-Spezialisten, die einem Broschüren mit bunten Titelbildern hinhalten und alles ganz genau erklären können. Zum Beispiel, warum die Welt dann doch noch nicht untergegangen ist, obwohl es die Zeugen schon einige Male mit Datumsangabe vorausgesagt haben.

Herr Mertes interessiert sich derzeit allerdings weniger für die Apokalypse als für drei Redons, die an den Redon-Drainagen seiner Operationswunde angebracht sind. Das sind die 180 ml fassenden Behälter, die per Sog Blut und Wundsekret aus dem OP-Gebiet über einen ca. 60 cm langen Schlauch abtransportieren. Denn ein Bluterguss oder auch sich ansammelndes Wundsekret würden das frisch operierte Gewebe zu sehr belasten und zu Schmerzen und anderen Komplikationen führen.

Als ich abends nach Herrn Mertes sehe, hat er eine der drei am Bett baumelnden Flaschen zu sich hochgenestelt und betrachtet nun fasziniert das kleine Gefäß. Er spricht leise und offenbar mehr zu sich selbst als zu mir: »Hinreißend. Das ist mein Blut. Mein Blut, das mich erhält, so wie das Blut Jesu uns alle erhält.«

Ich stehe da und lausche andächtig. Plötzlich dreht Herr Mertes den Kopf in meine Richtung und sieht mich halb-erleuchtet aus graublauen Augen an: »Dürfte ich wohl eines dieser Fläschlein haben, wenn es hier nicht mehr benötigt wird?«

»Ich kann Ihnen auch gleich so ein Fläschlein bringen«, sage ich mit Betonung auf »Fläschlein«. Auf der Theke des Zimmers liegt noch ein Redon, der mir beim Öffnen der sterilen Verpackung aus der Hand gerutscht und auf dem Boden gelandet ist und deswegen nicht mehr benutzt werden kann. Dieses Fläschlein reiche ich Herrn Mertes, aber er schüttelt sauertöpfisch den Kopf.

»Nein, nein. Das Blut«, sagt er. »Ich brauche das Blut.«

»Wofür das denn?«

»Zur Anschauung«, sagt er, als sei ich ein naseweises Kind.

Natürlich, denke ich, zur Anschauung. Wozu sonst?

Ich habe Vorurteile. Bei streng religiösen oder sehr traditionsgebundenen Menschen, wie den heulenden Nachtgespenstern oder

Herrn Mertes, denke ich automatisch: Die haben doch nicht mehr alle Latten am Zaun. Entsprechend skeptisch betrachte ich Herrn Mertes' Fläschlein-Fixierung. Eine andere Schwester würde das vielleicht als liebenswertes spirituelles Interesse an den Zusammenhängen des Lebens deuten. Ich hingegen sehe den Prediger mit dem Blut vor seiner Gemeinde irgendeine Show abziehen, in deren Verlauf er die Worte »Gott«, »Blut«, »Wunder« und »ich« benutzt.

Ich versuche immer wieder, mir klarzumachen, dass Menschen komplexer sind als mein schlichtes Sortiersystem. Aber manchmal werden mir Stereotypen auf dem Silbertablett serviert und alles scheint so schön zu passen: Die beiden Patienten, die ich betreue, liegen im gleichen Zimmer und haben beide eine Lungenoperation überstanden. Und sie sind beide Männer. Damit enden jedoch die erkennbaren Gemeinsamkeiten. Herr Papatryphon ist jugendliche neunundzwanzig, hat ein ausgeprägtes Kinn und trägt sein langes, schwarzes Haar zu einem Zopf gebunden. Die Schlagersängerin Alexandra würde ihn als glutäugig und Gitarre spielend besingen. Ich würde sagen, er sieht aus wie der kleine Bruder des *Lindenstraßen*-Griechen Vasily, aber auch nur, weil ich sonst kaum Griechen kenne.

Im Bett daneben liegt Herr Petersen. Er ist gestandene siebenundfünfzig, Nordfriese und hält, was die Herkunft verspricht: drahtiges, blondes Haar mit einem Stich ins Rötliche, blaue Augen und großporige, gerötete Wangen. So wie ich mir bei Herrn Papatryphon einbilde, dass er nach Olivenöl riecht, so halluziniere ich bei Petersen ein Odeur aus Labskaus und Meersalz. Er spricht nur das Nötigste, dehnt aber in den wenigen Worten die Vokale so, als müsse er damit Ringelrobben aus dem bottnischen Meerbusen herbeirufen.

Als ich das Zimmer betrete, höre ich ein leises Wimmern, das sich sofort steigert, als mich Herr Papatryphon sieht. Er wendet den Blick von mir, seine Gesichtszüge entgleisen in eine Grimasse des Schmerzes.

»Ah«, stöhnt er. »Oooaaach!«

Ich trete an sein Bett: »Haben Sie Schmerzen?«

Die Frage scheint ein Schlag ins Gesicht zu sein. Herr Papatryphons Antwort besteht in einem gequälten »Aaauuuuurrrrchhhh!«. Dazwischen zieht er hektisch Luft durch die Zähne. Es scheint schlimm zu sein. Und es ist gut, wenn Patienten deutlich machen, dass sie Schmerzen haben. Gerade nach Lungenoperationen ist es wichtig, dass der Operierte schmerzfrei tief einatmen kann. Denn so entfaltet sich die verknautschte Lunge wieder zu ihrer alten Pracht. Allerdings spukt mir ein Begriff durch den Kopf, der wissenschaftlich daherkommt, tatsächlich aber eine abschätzige Verallgemeinerung ist: »Morbus Mediterrane«. Andere Versionen dieser albernen Wortschöpfung lauten »Morbus Bosporus« oder »Mediterranes Syndrom«. Gemeint ist damit eine im Mittelmeerraum nicht ungewöhnliche erhöhte Schmerzäußerung, die der kernige Deutsche »wehleidiges Jammern« nennt. Es ist vertrackt: Empfindet Herr Papatryphon objektiv starken Schmerz? Leidet er stärker als ein Nordfriese? Oder jammert er einfach nur, weil das in der Heimat von Heroen wie Odysseus, Herkules und Achilles so Brauch ist?

Es wäre nun weder richtig, Herrn Papatryphon als Simulanten zu ignorieren, noch, ihn automatisch mit Schmerzmitteln zuzudröhnen. Gut wäre eine Schmerzskala, auf der ein Patient sein Schmerzempfinden unabhängig von der Schmerzäußerung angeben kann. Rosamunde Dulldrap hat einmal davon erzählt. Und sie hat von einer Studie in Großbritannien berichtet, der zufolge Patienten, die ihre Schmerzmittel in einem gewissen Rahmen selbst einwerfen dürfen, nicht zwingend ihre Dosierung erhöhen, wenn sie stärker wehklagen. Ich frage Herrn Papatryphon also, ob er eine Schmerztablette will. Er sieht mich aus großen, glänzenden Augen an wie ein waidwundes Rehkitz, verzieht den Mund und nickt schwach.

Herr Petersen wiederum liegt da wie eine emotionslose Rhabarberstaude. Ich kann ihm nicht im Geringsten ansehen, wie es ihm geht. Automatisch unterstelle ich ihm, dass er starken Schmerz in sich hineinfrisst, weil er oft wiederholte Lehrsätze seiner Kindheit verinnerlicht hat: »Ein Indianer kennt keinen Schmerz« und »Nur die Harten kommen in den Garten«. Wobei die Frage ist, was man bei dem nordfriesischen Schietwetter eigentlich permanent im Garten will. Vermutlich noch härter werden. Also frage ich auch hier sicherheitshalber: »Herr Petersen, brauchen Sie eine Schmerztablette?«

»Och, Schnickschnack!«, sagt er. Irgendwie erscheinen mir die Vokale nicht ganz so gedehnt. Ich glaube, eine unterdrückte Anstrengung herauszuhören. Ich frage noch mal nach.

»Iwo«, winkt Herr Petersen ab.

Ich bringe Herrn Papatryphon ein Glas Wasser und eine Tablette. Mühsam richtet sich der junge Grieche auf und greift sehr langsam nach dem Glas, als müssten seine Finger hochsensible Sprengstoffdrähte passieren. Er spült die Akut-Tablette herunter und sackt wieder zurück in sein Kissen. In diesem Moment höre ich den plötzlich sehr flachen und leicht rasselnden Atem von Herrn Petersen. Er hat versucht, sich aufzurichten, und hängt jetzt mit milchweißem Gesicht auf halber Höhe. Ich versuche, ihm zu helfen, höre aber nur ein herausgepresstes: »Passt schon.«

»Von wegen. Sie sind ganz bleich.«

»Ach was. Alles Roger.«

»Soso«, sage ich und zeige auf den Monitor. Der blinkt, weil Herrn Petersens Blutdruck vor lauter Körperstress in die Höhe geschnellt ist.

»Jau«, sagt der herbe Friese. Es klingt zittrig.

»Sie nehmen jetzt eine Schmerztablette. Die ist gut für die Lunge.« Ich denke, so kann Herr Petersen sein Gesicht wahren und trotzdem die angezeigte Schmerztherapie durchführen.

Später stehe ich zwischen den Patientenbetten und male mir aus, dass genau hier in der Mitte zwischen diesen beiden Herren der perfekte Patient liegt. Der vernünftig genug ist, sich rechtzeitig zu melden, und ohne schwer zu deutendes Wehklagen sagt, was er braucht.

Am nächsten Tag geht der Spuk mit den unterschiedlichen Herren weiter.

»Guten Morgen, Herr Papatryphon«, sage ich. Er lächelt mich an. Doch dann zieht sich seine Stirn in Falten. Ich interpretiere blitzschnell: Es ist noch ernst. Ich sollte Mitleid haben.

»Sie sollten sich jetzt einmal aufsetzen«, sage ich. »Dann kommt der Kreislauf in Schwung.«

»Ich bin frisch operiert«, protestiert der junge Mann.

»Gleich kommt das Frühstück. Das isst sich besser im Sitzen.«

»Ich habe Schmerzen!«

»Herr Petersen auch.« Ich zeige auf den Friesen, der sich bereits aus eigener Kraft hochgewuchtet hat und nun steif und erschöpft auf sein Frühstück wartet. Herr Papatryphon sieht zu seinem Zimmernachbarn, dann sieht er mich an und hebt vielsagend beide Augenbrauen. Auch ich hebe die Augenbrauen und sage: »Was der kann, können Sie auch.«

Tatsächlich habe ich Herrn Papatryphons Sportsgeist geweckt.

Zumindest ansatzweise. Er schlägt seine Decke zur Seite und schaut mich erwartungsvoll an. Ich gehe auf die andere Seite seines Bettes und sortiere die Kabel, Infusionsleitungen und Drainagen, damit kein Zug draufkommt. Allmählich beschleicht mich der Verdacht, dass Herr Papatryphon auf etwas wartet. Und zwar auf mich. Ich soll ihn sanft aus dem Bett heben und danach vielleicht noch einmal zärtlich über den Kopf streicheln. Stattdessen gebe ich ihm Anweisungen, wie er sich am leichtesten aufsetzen kann: auf seine rechte Seite von mir wegrollen, die Fersen und Beine langsam über den Bettrand schieben, den Oberkörper aufrichten und sich dabei mit den Händen abstützen. Was der junge Mann jetzt abzieht, wirkt wie eine Parodie. Schade, dass ich das nicht gefilmt habe und bei YouTube teilen kann. Wie ein angeschossenes Katzenkind rollt sich der muskulöse Grieche in Zeitlupe zusammen und schließlich nach mehreren dramatischen Anläufen ächzend auf die Seite.

Irgendwann ist es geschafft, die beiden Männer sitzen sich auf ihren Bettkanten gegenüber und frühstücken.

»Wie war Ihre Nacht?«, fragt Herr Papatryphon.

»Wat mutt, dat mutt«, antwortet Herr Petersen erstaunlich redselig.

Zwei Stunden später kommt die Mutter des Griechen zu Besuch. Sie fasst sich ans Herz, als sie ihren Sohn so an Kabel angeschlossen da sitzen sieht. Und der Sohn, der gerade noch munter mit Herrn Petersen über das letzte Champions-League-Spiel gefachsimpelt hat, sieht plötzlich aus wie ein Partisan, der im Kampf um Freiheit, Heimat und Ehre tödlich verwundet wurde. Jetzt füllen sich die Augen der Mutter mit Tränen. Ihr Sohn ein tragischer Held, und sie die leidgeprüfte Heldenmutter. Der Sohn sagt etwas auf Griechisch und die Mutter sieht mich entrüstet an. Was hat die Krankenhaushexe nur mit ihrem Ein und Alles gemacht? Ihrem Augapfel, ihrem Engel? Dem prächtigen Jungen, der sie einmal hegen und umsorgen wird, wenn sie alt ist und die Zeit der Ernte kommt. Dann nämlich wird sich alles auszahlen, was sie für Mann und Kinder getan hat. Jahaha, dann wird sie einmal im Mittelpunkt stehen und mindestens genauso anspruchsvoll klagen wie ihr Prachtbube heute.

Ich trete die Flucht nach vorne an: »Das sieht sehr gut aus. Ihr Sohn kann schon heute auf die normale Station zurück.«

Frau Papatryphon sagt: »Geben Sie mir eine Bürste!«

Hingebungsvoll bürstet Frau Papatryphon die Haare ihres Goldjungen. Eine idyllische Szene, die jedoch in blanken Horror umschlägt, als die verträumt bürstende Frau aus Versehen den zentralen Venenzugang aus dem Hals ihres Sohnes kämmt. Das zieht ein wenig, aber vor allem blutet es gehörig nach. Die Mutter schreit, als bliesen unsichtbare Vampire zur Attacke. Mit weit aufgerissenen Augen greift sich der Sohn an den Hals und sieht jetzt aus wie eine Figur aus der Laokoon-Gruppe. Am Rande der Emotions-Eruption liegt Herr Petersen und sagt leise: »Nee, nee, Kinders.«

9 Hinter den Kulissen – Dinge, die Sie gar nicht wissen wollen

Ich liege auf einer roten Decke und versuche einer Stimme zu-zuhören. Aber Rückkopplungen in der amateurhaft genutzten Flüstertüte erschweren mein Vorhaben. Außerdem tönt im Hin-tergrund störende Musik – keine mystisch pfiffelnden Panflöten, sondern Stimmungshits von der rheinischen Rentner-Band *Dä vier Käuze*. Jetzt gerade eine Coverversion von *Life is Life*. Es beginnt zu nieseln. Winzige Wassertropfen fallen auf mein Gesicht. Vielleicht weine ich auch. Wundern würde es mich nicht.

»… dass das so nicht weitergeht«, dröhnt die Stimme mit un-gelenkem Pathos aus dem Megaphon. Dann gibt es wieder eine Rückkopplung. Aber eigentlich muss ich auch gar nicht verstehen, was gesprochen wird. Ich weiß ja, worum es geht: Um den Pflege-notstand in den Krankenhäusern und Altenheimen. Um die Über-lastung des Personals. Um die Privatisierung, die aus Patienten Kunden und aus Pflegerinnen Servicebienen macht. Schnell abzu-fertigende Kunden und überlastete Arbeitsbienen – solange es sich zu rechnen scheint.

Die unabhängige Initiative »Pflege am Boden« hat per Flashmob bundesweit zu dieser Aktion aufgerufen. Deshalb liege ich nun symbolträchtig im Nieselregen auf dem Marktplatz unserer Stadt. Die Berufsgruppe der Kranken- und Altenpfleger ist groß. Allein in unserer Stadt gibt es sicher genug, um damit den Marktplatz so zu füllen, dass kein Platz mehr für die vier Käuze bleibt. Tausende, die plötzlich zu Boden gehen und wie Leichen den Platz bedecken – eine solche Stephen-King-Szene habe ich mir gestern noch voller Vorfreude ausgemalt. Die Wirklichkeit sieht mal wieder anders aus. Ein versprengter Haufen fröstelnder Pfleger liegt missmutig und weitgehend unbeachtet auf ein paar Decken. Nach meiner Schätzung sind achtzig Menschen gekommen. Die Presse wird nachher freundlicherweise von hundertfünfzig Demonstranten berichten.

Mein Nacken ist steif geworden. Ich richte mich ein Stück auf und stütze mich auf den Ellbogen ab. Direkt neben mir stehen zwei dürre Beine in beigen Cordhosen. Unten laufen sie in roten Sneakers aus, oben in eine Trainingsjacke und ein Kinn, das von einem hippen Vollbart umpuschelt wird. Im oberen Drittel des Bartes öffnet sich eine Schleuse und lässt Worte auf mich herabsickern: »Na, so schlecht kann's der Pflege ja nicht gehen, die haben ja alle Decken dabei.«

Es gibt Sätze, die sind so dumm, dass mir selbst Stunden später nichts Schlagfertiges dazu einfällt. Für solche Fälle habe ich mir einen Standardsatz zurechtgelegt, den ich auch jetzt bringe: »Danke fürs Sagen.« Ich lächle dem Endzwanziger freundlich zu, so wie einem kleinen Kind, dass zum ersten Mal alleine Kacka gemacht hat. Das hilft. Der Typ geht weg, um andernorts mit seinen Argumentationskünsten zu glänzen. Die vier Käuze stimmen einen neuen Oberknaller an: *Polonaise Blankenese*. Bei mir fliegen auch gleich die Löcher aus dem Käse! Meine Laune wandelt sich von schlecht zu beschissen. Ich habe mit vielen, wirklich sehr vielen Kolleginnen und Kollegen aus meinem und anderen Krankenhäusern, Pflegeheimen und ambulanten Pflegediensten schon über die Arbeitsbedingungen geredet. Alle waren wir der Meinung, dass sich was ändern, dass die Gesellschaft aufmerksam gemacht werden muss. All die Menschen, die sich über die hohe Arbeitsbelastung und große Verantwortung bei ziemlich geringer Bezahlung beschweren, über die körperliche und psychische Überbeanspruchung – wo zur Hölle sind die jetzt?

Wir sind die größte Berufsgruppe in der deutschen Krankenhauswelt, aber berufliches Selbstbewusstsein, Solidarisierung und meinetwegen auch öffentlichen Arbeitskampf bekommen wir nicht wirklich auf die Reihe. Ich würde wetten, dass die meisten, die heute nicht gekommen sind, sich sofort die Zeit freischaufeln würden, wenn sie für eine Kollegin auf der Arbeit einspringen müssten. Im Team funktioniert die Solidarität nämlich ausgezeichnet. Niemandem von uns fällt es leicht, die anderen hängen zu lassen. Jeder von uns weiß, was es heißt, Schichten in Unterzahl absolvieren zu müssen. Und natürlich fühlen sich die Pflegerinnen und Pfleger nicht nur gegenüber den Kollegen verantwortlich, sondern immer auch gegenüber den Patienten, die im Ernstfall die Leidtragenden einer solchen Unterbesetzung sein können.

Dieses Verantwortungsgefühl hat aber auch eine Schattenseite. Arbeitgeber können sich fast immer darauf verlassen, dass man das Pflegepersonal am Gewissen packen und arbeitstechnisch wie eine Zitrone auspressen kann. Von Ärztestreiks haben Sie sicher alle schon gehört. Aber können Sie sich an einen Streik von Krankenschwestern erinnern? Nein, die typische Krankenschwester schleppt sich eher krank zur Arbeit, als auf einer Demonstration für ihre Rechte einzustehen. Ich bin ja selbst schon völlig verrotzt zum Dienst gegangen und habe dann eben einen Mundschutz getragen, um niemanden anzustecken. Ich bin auch mit fiesen Rückenschmerzen zum Dienst geeiert, bis mir dort eine Tasse aus der Hand gefallen ist, weil ich plötzlich kein Gefühl mehr in den Fingern hatte. Einer zwingenden Logik folgt dieses Verhalten nicht. Ich schleppe mich zum Dienst, damit ich eben nicht ausfalle, bin aber gar nicht zu 100 Prozent einsatzfähig. Vernünftiger wäre es, wenn klar ersichtlich wäre, dass eben nicht die volle Personalanzahl auf der Station anwesend ist.

Eine Kollegin, die es tatsächlich geschafft hat, bis zum Eintritt ins Rentenalter auf unserer Intensivstation zu arbeiten, hat sich an manchen Tagen bei Dienstbeginn ein orthopädisches Stützkorsett umgeschnallt, weil ihr Rücken sie so dermaßen piesackte, dass sie ohne das Ding vielleicht in der Mitte durchgebrochen wäre. Und natürlich raten wir einander, dass man mit dieser dicken Erkältung, den zermürbenden Zahnschmerzen oder dem verrenkten Nacken doch mal lieber nach Hause gehen soll. Nur uns selbst sind wir schlechte Ratgeber. So stand ich einmal erkältungsgeplagt neben einer Patientin, der ich eine Brausetablette mit Hustenlöser in einem Wasserglas auflöste. Dass irgendetwas an der Situation nicht stimmte, bemerkte ich an dem erstaunten Blick der Frau, weil ich geistesabwesend selbst das Glas mit der Medizin angesetzt und ausgetrunken hatte.

Den Mundschutz tragen wir natürlich nicht nur, wenn wir erkältet sind. Bevor Sie jetzt weiterlesen, möchte ich allerdings eine Warnung aussprechen. Sollten Sie zu übergroßer Ängstlichkeit neigen oder zu jenen sensiblen Menschen gehören, die sich eine Krankheit nur vorstellen müssen, um erste Anzeichen davon bei sich wahrzunehmen, dann überspringen Sie vielleicht besser dieses Kapitel. Lesen sie doch bei beruhigenderen Themen wie »Faxen« oder »Tod« weiter. Wenn Sie sich nicht sicher sind, wie sensibel Sie sind – hier ein kleiner Test. Stellen Sie sich vor, eine Laus saugt an Ihrer Kopfhaut. Greifen Sie jetzt mit der Hand an die Stelle, an der die phantasierte Laus hockt. Wenn Sie nun einen kleinen Krümel zu fassen bekommen, der zwischen Ihren Fingern zerknackt, dann ist Obacht geboten: Ihre Phantasie ist in der Lage, Krankheiten zu

erschaffen. Sie müssen nur an die geheimnisvollen Keime und töd-
lichen Viren denken, die daheim und in Krankenhäusern lauern,
und schon fallen die Biester über Sie her.

Wir alle tragen Millionen von Bakterien mit uns herum. Munter
wuseln die Winzlinge durch die Weltgeschichte – darunter auch
kugelförmige Gesellen namens Staphylococcus aureus. Die tun
nix. Die wollen nur spielen und dümpeln bei etwa einem Viertel
der Menschen auf der Haut oder in den oberen Atemwegen herum. Allerdings sind diese Haufenkokken potentiell krankheitser-
zeugend. Hat der Träger ein schwaches Immunsystem oder vermehren sich diese Bakterien aus anderen Gründen sehr stark, dann
rappelt es im Karton: Plötzlich sprießen Furunkel und Karbun-
kel, an den Muskeln bilden sich eitrige Abszesse, und Fieber und
Schüttelfrost wringen den erschöpften Patienten zusätzlich aus.
Vielleicht kommt es jetzt noch zu einer Lungenentzündung, dem
Toxischen Schocksyndrom[58] oder einer soliden Sepsis[59].

Manchmal sind diese Bakterien gegen alle möglichen Antibiotika resistent und können nur schwer eliminiert werden. Dann
spricht man von Methicillin[60]-resistenten Staphyloccocus aureus
oder kurz MRSA. Und natürlich kann dieser Krankheitserreger
sehr leicht übertragen werden: per Hautkontakt, Tröpfcheninfek-
tion oder über infizierte Gegenstände wie zum Beispiel Türklin-
ken. Da in Deutschland MRSA nicht als Todesursache im Totenschein auftaucht, lässt sich schwer ermitteln, wie viele Menschen
jährlich diesem Bakterium erliegen und vor allem, ob andere
Faktoren nicht ausschlaggebender für das Ableben gewesen sind.
Die Deutsche Gesellschaft für Krankenhaushygiene e.V. schätzte
2009 großzügig rund 40 000 Todesfälle jährlich durch in deutschen
Krankenhäusern zugezogene Infektionen.

Auf unserer Station ist es üblich, bei der Aufnahme eines Patienten ein Screening durchzuführen. Dadurch soll festgestellt werden, ob der Patient mit einem solchen Bakterium besiedelt ist. Manche bringen diesen Keim schon mit. Ein Haushalt etwa, in dem mehrmals wöchentlich alle Flächen mit handelsüblichen Haushalts-Desinfektionsmitteln abgewischt werden, ist ein kleines Evolutionsparadies für Keime, die sich den erschwerten Überlebensbedingungen anpassen und Resistenzen entwickeln. Je größer Ihr Reinlichkeitswahn, desto eher haben Sie es mit ganz abgebrühten Haufenkokken zu tun. Ein höheres Risiko tragen auch Menschen, die ein Antibiotikum zu früh absetzen. Verschrieben wurde das Medikament für sieben Tage, aber der Patient fühlt sich schon nach vier Tagen wieder fit wie ein Turnschuh und lässt die Pillen Pillen sein. Keine gute Idee, denn jetzt bleiben ein paar hartgesottene Bakterien übrig und vermehren sich und sind womöglich gegen das Antibiotikum resistent.

Ihre Chancen, mit MRSA in Kontakt zu geraten, erhöhen sich auch, sobald Sie ein Krankenhaus betreten. Hier wird ständig mit Flächendesinfektionsmitteln herumgefeudelt. Obendrein sind alle möglichen Antibiotika im Einsatz und kranke Menschen mit geschwächten Immunsystemen haben etliche Mitbringsel im Gepäck. Aus diesem Grund isolieren wir Risikopatienten, die aus anderen Krankenhäusern oder Pflegeheimen zu uns kommen, erst einmal prophylaktisch – wann immer uns das möglich ist.

Frau du Sartz, eine einundvierzigjährige Halbfranzösin mit Mireille-Mathieu-Gedächtnisfrisur, kommt mit einer Bauchspeicheldrüsenentzündung zu uns ins Haus. Nach drei Tagen auf der internistischen Station muss sie wegen starken, sogenannten gürtelförmigen Schmerzen zu uns verlegt werden. Bei uns kann sie nämlich an Monitoren überwacht werden. Und das ist dringend nötig, weil die in hohen Dosen verabreichten Morphinderivate die Atmung von Frau du Sartz massiv beeinträchtigen können.

Kaum ist die neue Patientin auf unserer Station, führe ich das Screening bei ihr durch. Ich nehme ein steriles Wattestäbchen und streiche zuerst hinten an ihrem Rachen entlang, dann schiebe ich es abwechselnd in ihre Nasenlöcher. Diese Reihenfolge wird von den Patienten eindeutig bevorzugt. Frau du Sartz verzieht dabei das Gesicht, wie ich es von mir nur kenne, wenn ich mir hochkonzentriert die Wimpern tusche. »Machen Sie da jetzt einen Vaterschaftstest oder was wird das?«, sagt sie mit charmanter Raucherstimme. Dann lacht sie heiser.

»Nö, ich habe zu Haus ein Album mit einer Popelsammlung«, erwidere ich. Frau du Sartz sieht mich aus ihren dunkelbraunen Augen todernst an. Dann schüttelt sie den Kopf und lacht, so wie es ihr eingeschränkter Zustand zulässt.

Nach drei Tagen, während deren Frau du Sartz in einem Zweibettzimmer auf unserer Station liegt, kommt der positive Befund. Sie hat eine MRSA-Besiedlung in der Nase. Dirk Süß, mittlerweile unser Stationsarzt, überbringt ihr die Nachricht. Dann schieben wir Frau du Sartz sofort in ein Einzelzimmer. Vorher haben wir alles rausgeräumt, was das Zimmer entbehren kann. Je weniger Gegenstände, desto weniger Siedlungsraum für das Bakterium. Der hektische Aufriss macht Frau du Sartz Angst: »Komme ich in Quarantäne? Bin ich verseucht?«

»Zumindest sind Sie Keimträgerin«, sage ich.

Ab jetzt muss Frau du Sartz uns an unseren Stimmen und Augen erkennen. Denn vor dem Betreten des Zimmers werfen wir uns fortan in Schale, um Kreuzübertragungen des Keimes zu vermeiden. Zur Vermummung gehört ein langärmliger, wasserdichter

Kittel, der auch als tragbare Ein-Personen-Sauna bezeichnet werden könnte. Schneiden Sie doch daheim mal drei Löcher für Arme und Kopf in einen Müllsack, ziehen ihn über und räumen dann die Spülmaschine aus oder saugen das Wohnzimmer. Sie werden sofort verstehen, was ich meine. Die weitere Schutzkleidung besteht aus einer Haube, unter der das gesamte Haar verschwindet, Handschuhen, die man über die Ärmel-Enden der Schutzkittel zieht und einem Mund-Nasen-Schutz.

Von nun an betreten wir nur noch in dieser Aufmachung das Zimmer von Frau du Sartz. Der süße Dirk erklärt ihr, dass eine Besiedlung mit MRSA in der Nase gar nicht mal so selten ist. Erst einmal bestehe gar keine Gefahr, dass sich der Keim auf schädliche Weise in ihr ausbreitet, da sie keine offene Wunde hat.

Ich übernehme die Erläuterung der therapeutischen Hygienemaßnahmen: Tägliche Körper- und Haarwäsche mit desinfizierenden Seifen, jeden Tag frische Bettwäsche und gründliche Zimmerreinigung, täglich mindestens fünfmal mit einer speziellen Mundlösung gurgeln und dreimal pro Tag mit einem Wattestäbchen eine antibiotische Salbe in den Nasenvorhöfen auftragen.

Sosehr Dirk Frau du Sartz beruhigen konnte – leider behält er nicht recht. Plötzlich bekommt sie hohes Fieber und große, rote Flecken im Gesicht. Ihr Blutdruck fällt massiv ab und wir bemühen uns, ihn mit der richtigen Mischung aus Infusionen und kreislaufstützenden Medikamenten wieder in Schwung zu bringen. Ohnehin spielt der angeschlagene Magen-Darm-Trakt bereits verrückt, doch jetzt ist auch noch die Harnbildung in den Nieren stark reduziert und obendrein faselt Frau du Sartz mit glasigen Augen etwas von schlimmen Muskelschmerzen. Da kein gängiges Antibiotikum die in ihr wütende Infektion eindämmt, vermuten wir, dass sich die MRSA-Bakterien in ihr ausgebreitet und ihren Körper regelrecht vergiftet haben. Bei weniger robusten Patienten kann das Toxische Schocksyndrom zum Tod führen.

Anders als in Fernsehkrimis, die das Thema MRSA seit ein paar Jahren hochdramatisch in Szene setzen, blinkt auf unserer Station nun kein rotes Warnlicht, es heult keine Sirene und es laufen auch keine Menschen in Raumfahranzügen herum und sagen Sätze wie: »Wenn wir nicht aufpassen, ist bald alles kontaminiert.« Es findet auch keine groß angelegte Vertuschungsaktion des Krankenhauses statt, die schließlich von beherzten Privatleuten aufgedeckt wird und die natürlich bis in höchste Regierungskreise reicht – oder so ähnlich. Was stattdessen passiert, ist das: Dirk geht in den Medikamentenraum und greift sich ein Reserveantibiotikum. Reserveantibiotika sind nur für den Einsatz bei bestimmten schweren Indikationen vorgesehen. Und da sie sehr selten eingesetzt werden, sind die Bakterien in aller Regel nicht resistent dagegen. Und so ist es auch hier. Schon wenige Stunden nach der Verabreichung des Medikaments stabilisiert sich der Zustand von Frau du Sartz. Drei Tage später höre ich sogar bereits wieder ihr heiseres Lachen.

Eine andere Infektionskrankheit, die eine Krankenhausstation in Schwung bringen kann, ist die Gastroenteritis. Verursacher ist die Gattung der Noroviren, die seit ein paar Jahren in aller Munde sind. Oder in anderen Körperteilen. Mit einer minimalen Infektionsdosis von lediglich zehn bis hundert Viruspartikeln ist die Kontagiosität, also die Übertragungsfähigkeit des Krankheitserregers, außerordentlich hoch. Deshalb werden Patienten mit Brechdurchfall auf die gleiche Art isoliert wie Frau du Sartz.

Ein schöner Sonntagmorgen im Mai. 7.30 Uhr. Menschen mit soliden Berufen liegen noch in kuschligen Betten und träumen von dem freien Tag, der vor ihnen liegt. Oder sie sitzen bereits in der sonnendurchfluteten Wohnküche und reichen sich lächelnd Rührei und Multivitaminsaft. Die herbe Elena, die resolute Greta, Magnus »Jesus« Lichtbrot und ich hören drei Patienten mit Brechdurchfall dabei zu, wie sie in ihren Zimmern um die Wette kotzen. Kommt oben einmal nichts raus, plätschert es unten dünnflüssig aus den Backen, und wehe, wenn wir nicht rechtzeitig die Steckbecken wechseln.

Natürlich können wir die ohnehin leidgeplagten Menschen nicht stundenlang auf den Bettpfannen hocken lassen und ihnen einen Spucknapf vor die Kiefer schnallen. In unserer albernen Schutzkleidung müssen wir alle paar Minuten in die Zimmer rascheln, nach dem Rechten sehen und die besudelten Steckbecken und Plastikeimer gegen frische eintauschen.

»Oijoijoi«, sagt Elena halb vorwurfsvoll, halb erschrocken zum achtunddreißigjährigen Herrn Wittbrodt, einem gut frisierten Unternehmensberater, dem die Lage sichtlich peinlich ist. »Wo kommt das alles härr, Härr Wittbrodt? Ich mich frage: Wo kommt das alles härr?!«

Ich höre nicht, was Herr Wittbrodt antwortet. Vermutlich macht er bloß dicke Backen und versucht, den nächsten Schwall im Zaum zu halten, bis Elena einen neuen Eimer gebracht hat. Ich watschele unterdessen sonderbar vergnügt zur Steckbeckenspüle im Pflegearbeitsraum, um zwei Metallbehälter voller Dünnschiss zu säubern. Vor der Spülmaschine steht bereits Magnus und schaut mal wieder wie Jesus auf diesem berühmten Bild vom letzten Abendmahl: den Blick nach innen gerichtet, weil es eben da bei ihm drinnen viel spannender ist als um ihn herum, wo alle nur hasten und gackern. Unter der Spülmaschine sickert Wasser heraus. Außerdem macht sie komische Geräusche. Dann knirscht es. Dann ist es still. Das stetig sickernde Wasser hat einen leichten Braunstich. Vermutlich wird gerade der Arbeitsraum mit Noroviren geflutet. Mit der Gelassenheit eines Zenmeisters legt Magnus eine Pontonbrücke aus grünen Unterlagen und beschreitet sie dann konzentriert, um an die letzten beiden sauberen Steckbecken zu gelangen. Als er zurückkommt, muss ich die Phantasie abschütteln, dass er gerade übers Wasser wandelt. Mich würde auch nicht wundern, wenn sich die beiden Becken in den schönen Händen des Pflegers zu Tafeln mit zehn Geboten verwandelten. Erstes Gebot: Du sollst nicht mehr vollscheißen, als wir spülen können. Aber der mit den Tafeln war ja nicht Jesus, sondern der andere wichtige Typ mit Bart.

»Warum dauert das so lange?« Greta steckt ihren Kopf rein.

»Es dauert so lange, wie es dauert«, sagt Magnus. Genau mit der Art kann er Gretas Blutdruck deutlich in die Höhe treiben.

»Magnus hat die Spülmaschine kaputt gemacht«, sage ich. Mit der Art kann ich Magnus nervös machen.

»Habe ich nicht«, sagt er, ohne den gereizten Unterton ganz verbergen zu können.

»Magnus«, sagt Greta streng. »Es ist mir egal, was du kaputt gemacht hast. Lass jetzt mal die Becken rüberwachsen.«

Magnus will gerade etwas Ernstes erwidern, als wir von draußen Elenas Stimme hören: »Ojoijoi. Bitte schnäll. Härr Wittbrodt schwimmt mir weg.«

Greta nimmt Magnus die Becken ab, gibt mir eines davon und sagt: »Sieh zu, dass du die Spüle wieder aufbekommst.«

Magnus zieht die Augenbrauen streng zusammen und will gerade etwas sehr Ernstes sagen, als ich ihm zuvorkomme: »Du könntest der Maschine die Hand auflegen, Magnus.«

»Großartig«, sagt er. »Den Menschen geht es schlecht, und ihr blödelt hier herum.«

Aber Greta ist schon raus auf den Flur.

Kurz darauf höre ich Magnus, wie er am Telefon seine Stimme hebt. Ganz im Sinne von Carl Rogers, aber mit wenig wertschätzendem Tonfall sagt er: »Sie wollen mir sagen, dass es mindestens zwei Stunden dauert, bis sich das jemand von Ihnen ansieht, und stellen solange erst einmal das Wasser ab. Richtig?«

Während Magnus noch den Stationsflur herunterstarrt, als sei er gerade zum dritten Mal an diesem Tag verraten worden, stapft Elena wie Rumpelstilzchen in den Arbeitsraum und tritt mehrmals, wieder in eine frische Vermummung gehüllt, so konzentriert wie fest gegen die Tür der Spüle. Und siehe: Wo Handauflegen scheitert, kann ein ordentlicher Tritt in den Arsch Wunder wirken. Die Tür springt auf und Elena kann ein halbgesäubertes Steckbecken sichern. Sie legt es zusammen mit fünf weiteren noch auf der Spüle gestapelten, übelriechenden Becken auf einen silbernen Rollwagen und deckt sie mit einem Tuch ab. Während sie durch die Schleusentür in Richtung Nachbarstation davonrollt, sieht sie aus wie die Kaltmamsell in einem SM-Club. Aber vermutlich liegt das Bizarre im Auge des Betrachters und ich sollte dringend mal wieder die Phantasien in meinem Oberstübchen sortieren, entstauben und entrümpeln.

»Super«, sagt Magnus. »Jetzt haben wir hier bald alle den Norovirus.«

»Heißt es nicht das Norovirus?«, frage ich. Mich interessiert das gerade wirklich. Aber Magnus schüttelt nur den Kopf. Wieder einmal ist er nur von Irren umgeben.

Ich lege meine Schutzkleidung an und gehe mit dem letzten Nachttopf zu Herrn Weidmann, einem fünfundvierzigjährigen Lehrer aus dem hessischen Hinterland. Gerade noch rechtzeitig kann ich ihm das Steckbecken unterschieben.

Wie ich später erfahre, hat sich Herr Weidmann bei einer Radwanderung in unsere Region verirrt. Der Herr Studienrat befand sich auf der Suche nach dem Bier einer bestimmten Privatbrauerei. Er wählte einen Waldweg als Abkürzung und sauste vergnügt bergab, um eine Biegung und mit Tempo gegen einen umgestürzten Baumstamm. Es krachte ordentlich im Gebälk und ebenso in Herrn Weidmanns Rippen. Unglücklicherweise hatte sein Zimmernachbar nicht nur eine Hüftfraktur, sondern auch ebenjenen Brechdurchfall, der Herrn Weidmann jetzt zusätzlich zu seinem Hämatothorax beutelt. Der angegraute Oberstudienbart meines Patienten ist verstrubbelt, weil er ständig besorgt ist, dass etwas von dem Erbrochenen darin kleben bleiben könnte. Obendrein sieht der Mann schon reichlich verschrumpelt aus. Obwohl ich literweise E'lyte-Lösung[61] angehängt habe, könnte man meinen, Herr Weidmann käme nicht von einer Radtour in Mitteldeutschland, sondern einem Marathon durchs Death Valley.

Nachdem ich Herrn Weidmanns Hinterteil von keimbelasteten Schmutzresten befreit habe und wieder auf den Flur trete, frage ich mich, wo eigentlich Elena bleibt. Ich weiß – es dauert eine Weile, bis die Steckbeckenspüle sechs Töpfe gespült hat, aber mittlerweile müsste sie zurück sein. Ich melde mich bei Greta ab, die seufzt, als die Patientenklingel ihrer Patientin wieder piept, und gehe zur Nachbarstation, um Elena zu unterstützen. Und tatsächlich kann sie Unterstützung gebrauchen. Sie kommt mir entgegen, hat aber nur ein einziges Steckbecken auf dem Silberwagen.

»Riesensauerei«, sagt sie. »Alle kootzen. Alle scheißen.«

Aha, denke ich. Die Nachbarstation hat ebenfalls erhöhten Steckbecken-Bedarf und Elena konnte sich im Krieg der Töpfe nicht durchsetzen. Und jetzt langt auch noch Magnus nach dem letzten Steckbecken. So schnell wie ein Frosch in die Luft züngeln kann, um eine tumb vorbeisurrende Fliege zu fassen, greift Elena zu. Nun halten beide das Becken fest. Magnus lächelt mild: »Komm, ich brauch's gerade wirklich.«

Auch Elena lächelt, aber es sieht irgendwie gefährlich aus. Wer weiß, welche Kämpfe sie hinter sich hat. Vielleicht irre ich mich auch, denn plötzlich entspannt sich Elenas Körperhaltung. Sie lächelt Magnus zuckersüß an.

»Weil's du bist«, sagt sie mit zartem Schmelz. Magnus entspannt sich auch. In diesem Moment geht ein Ruck durch Elenas drahtigen Körper und sie reißt das Steckbecken an sich. Aus Herrn Wittbrodts Zimmer dringen urige Kotzgeräusche.

Neben der Möglichkeit, sich im Krankenhaus mit Noroviren oder MRSA anzustecken, bergen auch etliche Medikamente Risiken. Manche haben Nebenwirkungen, die es notwendig machen, wiederum andere Medikamente zu nehmen. So können zum Beispiel Schmerzmedikamente den Darm träge machen oder die Magenschleimhaut angreifen. Und Diuretika erfordern die Einnahme von Kalium in Tablettenform, weil es sonst zu Herzrhythmusproblemen kommen kann.

Manche Medikamente erzeugen einen unglaublichen Heißhunger, gerade bei vielen Psychopharmaka ist das so. Schauen Sie sich mal Fotos vom späten Elvis Presley an. Psychopharmaka haben natürlich noch mehr zu bieten: von Schlappheit über Kopfschmerzen bis zu Bewusstseinstrübung oder Depressionen. Sie können auch dafür sorgen, dass sich Menschen plötzlich eckig und ruckhaft bewegen, wie Roboter aus den Neunzigerjahren.

Manche Blutdruck senkenden Präparate verursachen als Nebenwirkung Impotenz, wohingegen Viagra eigentlich erfunden wurde, um zu hohen Blutdruck oder Durchblutungsstörungen am Herzen zu behandeln.

Eine Klasse für sich sind die Antibiotika. Bisher haben sie in diesem Kapitel die Rolle der nützlichen Helfer gespielt. Und das sind sie ja auch: Sie hindern Mikroorganismen an der Vermehrung oder töten sie ab. Leider erwischen Antibiotika neben Krankheitserregern manchmal auch Bakterien, die zu einem gesunden Menschen dazugehören. Die Patienten bei uns auf der Intensivstation erhalten in allen möglichen Fällen Antibiotika, manchmal auch drei verschiedene, um eine lebensbedrohliche Infektion zu bekämpfen.[62] Als kostenlose Beigabe bekommt der Patient hin und wieder Durchfälle, einen Mundsoor[63] oder eine Pilzinfektion im Intimbereich. Allerdings wäre es übertrieben zu sagen, dass man die Wahl hätte zwischen Pest (ernste Infektionskrankheit) und Cholera (Einnahme eines Antibiotikums). Zutreffend wäre es, zu sagen: Man hat die Wahl zwischen Pest und einem möglicherweise ordentlichen Treffer mit dem Hammer auf den eigenen Daumen.

Herr Nachit kommt mitten in der Nacht zu uns. Sein eulenhaftes Gesicht ist aufgequollen und rotfleckig. Die Augen hinter seinen runden Brillengläsern sind schreckgeweitet. Er hat wegen eines grippalen Infekts zu einem neuen Antibiotikum gegriffen und innerhalb weniger Stunden eine schwere allergische Reaktion gezeigt: rote Pusteln am ganzen Körper, Fieber und Lippen, die aussehen, als hätte er sie von einem besonders hemdsärmeligen Schönheitschirurgen aufpumpen lassen. Im schlimmsten Fall kann ein solcher anaphylaktischer Schock zu Atem- oder Herz-Kreislauf-Stillstand führen. Wir behandeln den verunsicherten deutsch-syrischen Maschinenbaustudenten mit dem Mittel der Wahl: hochdosiertes Cortison. Kurz darauf sinkt Herrn Nachits Blutdruck dramatisch. Sein Pulsschlag beschleunigt sich rapide. Sein Fieber steigt. Und bei uns Panik.

Rosamunde weiß als Erste, was los ist: Herr Nachit reagiert auch auf das Cortison allergisch. Sein Körper kämpft mit allem Histamin, das er produzieren kann, gegen den scheinbar feindlichen Eindringling. Wir müssen sofort ein weiteres Mittel zum Einsatz bringen: ein Antihistaminikum[64].

Wenn ein Mensch wie Herr Nachit als Notfall bei uns auf der Intensivstation landet, dann hat er oft Angst. Eine Aufgabe der Ärzteschaft und des Pflegepersonals ist es, diese Angst zu verringern oder zumindest nicht zu verstärken. Berufsskeptiker und Paranoiker ahnen bereits, was das im Umkehrschluss bedeutet: Wenn Ärztinnen und Ärzte unsicher sind oder sogar selbst Angst bekommen, zeigen sie das nicht, sondern reden auch dann mit dem Patienten so souverän und unaufgeregt wie möglich. Dabei ist manchmal keineswegs von Anfang an klar, was das Problem eines Patienten ist. Und was die beste Behandlungsmethode wäre. Nun kann der behandelnde Arzt aber schlecht sagen: »Tja, Herr Nachit, Sie haben Flecken am Körper und ein Gesicht wie ein Ochsenfrosch. Dazu hohes Fieber. Kann sein, dass Sie zugleich Mumps und Röteln haben oder eine neue Tropenkrankheit in Ihnen ausbricht. Vielleicht ist es auch ein allergischer Schock oder … ach, ich weiß es doch auch nicht! Was sagt Ihnen denn so Ihr Gefühl?«

Stattdessen wird der behandelnde Arzt versuchen, so viel Sicherheit wie möglich auszustrahlen: »Herr Nachit, wir kümmern uns. Vertrauen Sie mir. Sie brauchen jetzt erst einmal viel Flüssigkeit und Bettruhe.« Klar, Flüssigkeit und Bettruhe schaden so gut wie nie.

Ärzte müssen viel wissen. Schlechte Ärzte wissen nicht, was sie nicht wissen. Gute Ärzte wissen vor allem, wo man im Zweifelsfalle nachlesen oder nachfragen kann. Allerdings wird eine junge Ärztin, die vom Patienten ohnehin gerade zur Krankenschwester erklärt wurde, bei irgendeinem skurrilen Morbus Hirschkirsch-Hastenichtgesehen nicht sagen: »Ach, ähm, ist mir völlig neu. Da geh ich erstmal nachlesen. Tschüß!«

Ich könnte mir vorstellen, dass während des Medizinstudiums auch Seminare zum Thema »Wissendes Nicken und souveränes Drum-herum-Reden« angeboten werden.

Genervt reagieren viele Ärzte, wenn Patienten sich an der Diagnosensuche beteiligen.

»Herr Doktor, ich hab im Internet gelesen, so Schmerzen da«, die sechsundfünfzigjährige Floristin mit der ausgeprägten Gelbsucht deutet ungefähr auf ihre Leber, »könnte ein Magengeschwür sein. Das würde passen, bei all dem Stress, den ich habe.«

Der süße Dirk legt ein charmantes Lächeln an den Tag: »Ja, Frau Rinninsland, das könnte sein. Ich mache jetzt erstmal noch ein paar Untersuchungen.« Der Tonfall ist freundlich, ich meine allerdings herauszuhören, was Dirk eigentlich meint: »So gelb, wie Sie sind, so wirr, wie Sie eben noch dahergeredet haben, und so zittrig, wie Ihre Hände herumfuhrwerken, würde ich doch mal wetten, in Ihrem Abdomen zwickt eine schartige Leber, die Sie seit einigen Jahren in Wermutschnaps einlegen.«

Sei es bei verwirrenden Patientendiagnosen oder nicht leicht einzuordnenden Symptomen: Ärztinnen und Ärzte behalten die Fassung und treten selbstsicher auf. Sie glauben an die Medizin und sie glauben an sich. Zumindest ist das, denke ich, eine der wichtigsten Eigenschaften, die ein junger Mediziner mitbringen muss, wenn er in einem Krankenhaus nicht nach einem Jahr völlig entnervt das Handtuch werfen will. Zu viele Selbstzweifel machen unsicher und das soll nicht beim Patienten ankommen. Oder bei der sarkastischen Pflegermeute auf der Intensiv.

Ich vertraue allerdings den Ärzten am meisten, die ehrlich zugeben können, dass sie gerade überfragt sind, sich aber informieren werden. Irgendwann kommen die meisten Ärzte und Ärztinnen selbst drauf, dass es gar nicht darum geht, immer alles zu wissen. Diese andere Art von Souveränität entsteht erst mit der Berufserfahrung. Bis dahin hangeln sie sich durch ihren verantwortungsvollen Job und versuchen ihren Patienten die Sicherheit zu vermitteln, die sie selbst oft noch nicht haben.

Manche Berufsanfänger würden sich vielleicht gerne ein paar Drogen einwerfen: Sei es zum Wachbleiben, zum Nervenbehalten, Runterkommen oder zum vorübergehenden Entwickeln eines gottgleichen Selbstvertrauens. Die gute Nachricht für diese Berufsanfänger ist: Wir haben auf der Station tatsächlich einige hochpotente Drogen, die unter das Betäubungsmittelgesetz fallen. Die schlechte Nachricht lautet: Natürlich wird über deren Bestand genau Buch geführt, sonst wäre es für uns halbherzig bezahlte Schwestern zu einfach, sich in der städtischen Drogenszene ein kleines Zubrot zu verdienen. Ich stelle mir die Mangaprinzessin und unseren Jesus vor, wie sie in seltener Eintracht mit einem Bauchladen voller Opiate in einer dunklen Ecke auf Kundschaft warten.

Mit genügend krimineller Energie und Skrupellosigkeit könnte man bei uns natürlich trotzdem Betäubungsmittel abzweigen. Mir fallen drei Möglichkeiten ein:

Möglichkeit 1) Ich habe den Schlüssel zum BTM-Schrank, nehme eine Ampulle eines Opiates heraus, ziehe das Medikament auf eine Spritze, verschließe diese und dann lasse ich die Ampulle auf den Boden fallen, so dass sie zerbricht. Dann rufe ich eine Kollegin dazu und bitte sie, mit mir gemeinsam in die BTM-Liste einzutragen, dass eine Ampulle des Medikamentes zu Bruch gegangen ist. Allerdings ist es gar nicht so leicht, das unbeobachtet zu tun, irgendwer rennt bei uns doch immer über den Flur. Und ab der dritten zerbrochenen Ampulle dürfte sogar der gutmütige Peter leicht misstrauisch werden.

Möglichkeit 2) Ich betreue einen Patienten, bei dem ein Perfusor mit einem Opioid zur Schmerzbehandlung läuft. Die Perfusorspritze wird leer, also muss eine neue aufgezogen werden. In eine Perfusorspritze kommen zwei Ampullen des Opioids, das ganze wird mit Kochsalzlösung auf 50 ml aufgefüllt. Ich, skrupellos, geldgeil und süchtig, wie ich bin, lasse mir zwar zwei Ampullen aushändigen, eine davon verschwindet aber in meiner Kitteltasche. Die fehlenden 10 ml fallen erst einmal gar nicht auf, weil ich entsprechend mehr Kochsalzlösung zum Auffüllen der Spritze verwende. Später wundert sich vielleicht die diensthabende Ärztin oder der Spätschichtkollege über den erhöhten Schmerzmittelbedarf des Patienten, aber da Opioide manchmal auch gleichgültig machen, interessiert es mich wenig, wie es meinem Patienten geht.

Möglichkeit 3) Ich mache es wie Nadja Steinhoff, die folgenden Clou tatsächlich bei uns durchgezogen hat. Nadja Steinhoff ist siebenundzwanzig Jahre alt, sieht aus wie eine harmlose Maus und kommt von einer Zeitarbeitsfirma. Auf wie vielen peripheren Stationen sie schon Schichten übernommen hat, weiß ich nicht. Auf den anderen Stationen gibt es zwar auch BTM-Tresore, aber die sind deutlich kleiner als der mannshohe, doppeltürige Stahlschrank auf der Intensiv. Deswegen wundert sich auch keine von uns Intensivschwestern, als Nadja an einem Sonntagabend bei uns aufkreuzt und behauptet, auf der Inneren sei der Vorrat an Dipidolor zur Neige gegangen. Die Fluktuation des Krankenhauspersonals hat in den letzten Jahren so zugenommen, dass sich auch keiner von uns darüber wundert, dass wir Nadja noch nie gesehen haben. Jeder von uns denkt: Ach, die anderen werden sie schon gesehen haben. Guter Dinge händigen wir der jungen Dame im Schwesternkittel eine ganze Packung des Schmerzmittels aus. Es wird aus dem BTM-Buch der Intensiv ausgetragen und muss von Nadja als Zugang im BTM-Buch ihrer Station eingetragen werden. Das macht sie allerdings nicht.

Zwei Wochen später wäre das bei der Überprüfung der BTM-Ausgaben durch den leitenden Oberarzt und die Stationsleitung aufgefallen, aber Nadja wäre dann schon längst wieder von Bord gewesen. Für unsere Stationsleitung und den verantwortlichen Oberarzt hätte der Diebstahl juristische Konsequenzen haben können. Aber so gerissen, wie sie dachte, ist Nadja dann doch nicht. Sie dröhnt sich nämlich selbst mit dem Zeug zu, und zwar ausgerechnet im Schwesternwohnheim gegenüber dem Krankenhaus. Als sie ihren Frühdienst verpennt und im Dröhndämmer das Klingeln ihres Handys und schließlich das Klopfen an ihrer Stubentür nicht hört, schließt der Hausmeister zusammen mit einer besorgten Schwesternschülerin Nadjas Zimmertür auf. Das Häufchen Elend, das sie auf dem Sofa vorfinden, sieht überdosiert aus. In Nadjas Armbeuge findet sich eine Venenverweil-Kanüle und auf ihrem Wohnzimmertisch liegen noch die leeren Ampullen. Offensichtlicher geht es nicht.

Zum Glück rettet ein per Notfallfunk herbeigerufenes Team Nadjas Leben – aber ihren Job als Krankenschwester ist sie los.

10   Ein bisschen Spaß muss sein – Faxen, die den Tag versüßen

Ich wache auf. Die Februarsonne scheint in die Ecke meines Zimmers, in der sich Frau Bernstein zusammengerollt hat und ihren Katzenakku auflädt. Das Verhältnis von Ruhe und Anstrengung liegt bei Katzen etwa bei 80 Prozent zu 20 Prozent Wenn Katzen abgehen, dann richtig, aber die meiste Zeit hängen sie eigentlich nur rum. Ein sehr effizientes Modell, das sich in der menschlichen Gesellschaft aber nicht durchsetzen konnte. Menschen scheinen für so viel Ruhe einfach nicht gemacht. Oder wie soll ich mir das dumpfe Dröhnen einer beherzt geschlagenen Pauke erklären, das feiertags durch unsere Straße hallt? Heute ist Rosenmontag, hierzulande also Nationalfeiertag, aber ein Feiertag ist ja noch lange kein Grund, Ruhe zu geben. Im Gegenteil, jetzt wird richtig auf die Pauke gehauen: links, links, links, zwo, drei, vier… Mittlerweile höre ich auch das Gepfiffel klappenloser Querflöten und das aggressiv-fröhliche Gebimmel einer Militär-Lyra. Das erste Tambourcorps marschiert schon, wahrscheinlich zur Zug-Aufstellung. Ich sehe es genau vor mir, denn in jungen Jahren bin ich selbst in so einem Spielmannszug mitgegangen. Da meine Eltern meine Freude an Musik bemerkten, sich aber quietschende Geigensaiten oder Blockflötengedudel ersparen wollten, steckten sie mich mit zehn Jahren in eben so einen Tambourcorps. Ich lernte Querflöte, Horn und Lyra, alles nur rudimentär. Musikalische Ambitionen standen nicht im Vordergrund. Vielen Erwachsenen ging es mehr ums Gemeinschaftsgefühl und um einen Vorwand, von zu Hause rauszukommen und Saufen als Brauchtumspflege zu kaschieren. Kinder und Jugendliche wurden in diese Alibiveranstaltungen hemmungslos mit reingezogen. Wir spielten nach Zahlen, nicht nach Noten und marschierten in Matrosenuniformen, an Karneval allerdings gerne auch als Mexikaner oder Bären – je nach Wetterlage.

Seit diesen Umzügen – manchmal waren es von Weiberfastnacht bis Veilchendienstag zwölf an der Zahl – habe ich ein gespaltenes Verhältnis zum Karneval. Genau wie an Weihnachten oder Ostern lasse ich mich in der tollen / närrischen / jecken Zeit freiwillig zum Dienst eintragen. Allerdings nicht, ohne die Narrenfreiheit zu nutzen und mich ein wenig über die Autoritäten lustig zu machen, mit denen ich Tag für Tag zu tun habe. Genau das ist mein Plan für heute. Beschwingt steige ich aus dem Bett und gehe in die Küche, um mir mit einem Müsli die nötige Energie anzufressen.

Ich gieße gerade Milch auf die Flocken-Nuss-Trockenobst-Mixtur, als Olaf mit schlafwarmem Gesicht in die Küche schlurft. Während er sich einen Kaffee macht, fragt er mich, ob ich seinen neuen Karnevalssong hören will. So ist das in meiner WG: Manchmal bekomme ich schon vor dem ersten Bissen des Tages etwas vorgelesen oder vorgesungen. Olaf holt seine Gitarre und setzt sich strumpfsockig an den Küchentisch. Er rückt die Gitarre auf seinem Schoß zurecht, räuspert sich und streicht sich noch rasch ein paar Haare aus der Stirn. Dann spielt und singt er in einem wiegenden Rhythmus. Ich beginne unmerklich zu schunkeln. Dagegen können wir Rheinländer nichts machen. Das ist genetisch.

En Indjaner schwenk sing Platzpatronpistol
durch die Straßen weht ein Duft von Alkohol
zwanzig Jugendliche wälzen sisch em Driss
sieht so uss als ob bald Fastelovend iss

Ene Frauenbande krällt sisch ene Mann
und von hinten greifen Sambatruppen an
dä Kneipier stellt singe Hifitürm eruss
mit der öffentlichen Ordnung ess jetz Schluss

An Fastelovend weed janz Kölle zur Hölle
dat ess nix für uns Intellektuelle
drum verdrücke mer uns in die Wallachei
bei euerm Stippeföttsche sinn mir nit dabei

Dem kleene Funkemarieschen sieht mer an
dat et für sin Uniförmsche janix kann
für die hier entstehnden Kindheitstraumata
ess dann später mal dä Psychiater da

Nach der Darbietung berichte ich Olaf von meinem Plan, mich heute als Prof. Dr. Dr. Schlingkoch zu verkleiden und der großen Chefvisite anzuschließen. Olaf bittet um Vorführung des Kostüms und ich gehe in mein Zimmer, um mich zu verkleiden. Als ich keine fünf Minuten später wieder in die Küche komme, steht dort statt Olaf ein übergroßer Marienkäfer. Er steht mit dem Rücken zu mir. Dem Maßstab nach sind die roten Flügel mit je sechs schwarzen Punkten darauf viel zu klein. Aus einem dunklen Haarschopf ragen zwei windschiefe Fühler, die in borstigen Bommeln enden, und die Beine stecken in einer hauteng anliegenden Sporthose.

Ansgar dreht sich vom Wasserkocher zu mir um und versucht, seinen mürrischen Alltags-Gesichtsausdruck aufzusetzen. Offenbar will er so tun, als sei es das Normalste der Welt, dass Schriftsteller zu Käfern werden. Das kennt man doch. Als er mich sieht, verrutscht ihm allerdings kurz sein Gesichtsausdruck. Ich habe mir zwei Stalinschnäuzer gekauft und sie als enorme Augenbrauen zweckentfremdet. Außerdem trage ich einen Arztkittel und ein filigranes, mit Plastikperlchen besetztes, güldenes Prinzessinnenkrönchen. Die Augenbrauen lassen sich prima bedrohlich zusammenziehen. Marienkäfer und Schlingkoch schauen sich einen Augenblick so ernst wie möglich an. Dann kommt Olaf in die Küche.

Bester Dinge fahre ich zum Krankenhaus. In der Umkleide klebe ich mir die Schnäuzer-Augenbrauen wieder an, setze mir das Krönchen auf und übe noch mal vor dem Spiegel das gewichtige, kritische Augenbrauengewackel. Diesen autoritären Mimik-Klamauk habe ich in den letzten Wochen akribisch an Schlingkoch studiert, genau wie seinen Gang: hinter dem Rücken gekreuzte Arme – rechte Hand umfasst die Außenseite des linken Unterarmes. Diese Armhaltung nehme ich nun ein, drücke die Brust heraus und stolziere selbstsicher in die Intensivstation. Bärbel, die diensthabende Anästhesistin, sieht mich ernst an. Dann sagt sie, ohne eine Miene zu verziehen: »Herr Professor Schlingkoch! So früh heute?« Erst als ich drohend die Augenbrauen zusammenziehe, bekommt Bärbel einen ihrer berühmten, von kleinen Grunzern unterbrochenen Lachanfälle, die im mittleren Stadium an die Orgasmus-Szene aus *Harry und Sally* erinnern. Sofort kommen zwei Kollegen dazu und freuen sich mit uns. Bärbel macht ein Foto von mir und keine Stunde später hängt »Prinzessin Schlingkoch« ausgedruckt in der Umkleide der anästhesistischen[65] Assistenzärzte.

Endlich kommt der Ärztepulk der Chefvisite über den Stationsflur getrottet. Ich schlüpfe aus der Tür des Sozialraums und schließe mich der Gruppe an – die Hände auf dem Rücken. Ich schreite voran und dränge mich in die Mitte der Kollegen. Mein Gesicht ist eine Maske gestrenger Autorität. Ich versuche, mich nicht von dem einsetzenden Gelächter und einigen »Nanus« und »Ohos« aus der Fassung bringen zu lassen. Schon gehe ich direkt hinter Schlingkoch. Die Heiterkeit im hinteren Teil des Pulks nimmt zu. Aus dem vorderen Teil drehen sich die Ersten um. Dann wendet auch Schlingkoch sein mächtiges Haupt. Er sieht mich und seine Augen verengen sich zu Schlitzen, was unter den riesigen Augenbrauen besonders animalisch aussieht. Natürlich hat sich unser neuer Chefarzt mit den Gebräuchen des Rheinlandes vertraut gemacht und weiß also, dass ich mir diesen kleinen Kostümspaß an einem Rosenmontag herausnehmen darf. Schlingkoch bleibt stehen, dreht sich drei viertel zu mir um, stemmt die Hände in die Hüften und lacht plötzlich dröhnend. Dann sagt er: »Das lasse ich jetzt mal unkommentiert. Das ist nicht mein Niveau.«

Ich lache ebenfalls dröhnend – denn das ist genau mein Niveau. Dabei klappt eine der zu oft abgezupften und wieder angeklebten Schnäuzer-Augenbrauen effektvoll herunter.

Wie nur wenige andere Berufsgruppen werden wir im Krankenhaus mit der Zerbrechlichkeit und Endlichkeit des Lebens konfrontiert. Täglich haben wir mit den weniger appetitlichen Seiten der menschlichen Körperlichkeit zu tun. Im Umgang damit könnte man sehr demütig und spirituell werden. Man könnte auch eine bösartige Hypochondrie entwickeln und jede Krankheit, mit der man professionell zu tun hat, bei sich selbst vermuten. Steckt hinter diesem Husten nicht bereits eine Lungenentzündung? Juckt meine Brust nur einfach so, oder ist das schon Krebs? Und welche unsichtbaren Viren arbeiten gerade daran, dass mir schon bald das Hirn wegfault?

Die meisten von uns entscheiden sich jedoch für die eine oder andere Form der Albernheit, um ein Gegengewicht zum Ernst des Lebens (und Sterbens) zu schaffen. Schwarzer Humor, Albernheiten und hysterische Lachanfälle fallen bei uns unter den Begriff »Psychohygiene« und sind ein wichtiger Bestandteil der Arbeit. Der Blödsinn hilft dabei, einmal eine andere Perspektive auf die ernsten Angelegenheiten der Intensivstation einzunehmen. Und Lachen baut Stress ab – und zwar wirkungsvoller und sozial verträglicher als rumbrüllen oder Einrichtungsgegenstände kaputtschlagen. So ist es bei uns beispielsweise nicht unüblich, bei einer Herz-Druck-Massage den Takt durch das Singen bestimmter Lieder zu halten. Während die einen eher zu einem rustikalen *I'm on a highway to hell* neigen, zu dessen Takt sie mit beiden Händen den Brustkorb des Patienten traktieren, singen die anderen zärtlich *Twinkle, twinkle, little star.*

Ein anderer AC/DC-Klassiker ist *Thunderstruck* und kommt zum Einsatz, wenn ich bei einem weniger gepflegten, kaum bewegungsfähigen Patienten das Smegma am Eichelkranz wegwischen muss. »Na Na Na Na Na Na Na – Smegma. Smegma weg!« Aber auch softere Hits kommen zur Anwendung. Sucht beispielsweise eine von uns das Ohr-Thermometer, so hat es sich eingebürgert, zur Melodie von Sades *Smooth Operator* zu singen: »Wo ist denn bloß mein Ohr-Thermometer? Ohr-Thermometer.«

Ich weiß, dass es sich mit solchen Anekdoten verhält wie mit Kifferwitzen: Brüllend komisch für die Bekifften, wenig nachvollziehbar bis schwer nervig für Außenstehende. Es kann sogar ausgesprochen pietätlos wirken, wenn vor wenigen Minuten ein Patient erstickt ist und sich unser Team kurz darauf über die absurde Nachfrage »Wer stickt?« einer übernächtigt-verpeilten Schwester so in Rage lacht, dass uns selbst fast die Luft wegbleibt. Bekämen die Angehörigen des Toten das mit, fänden sie das sicher alles andere als respektvoll und angemessen, und sie hätten jedes Recht dazu. Es ist nur ganz einfach so: Wer alles auf der Intensivstation todernst nimmt und nah an sich heranlässt und nicht zwischendurch einmal Dampf ablässt, der hält es hier in der Regel nicht lange aus.

Die Mehrheit der Scherze geht allerdings nicht auf Kosten der Patienten. Den meisten Spaß haben wir in der Regel miteinander. Als sich beispielsweise der süße Dirk ganz frisch auf unserer Station zu behaupten versucht, merkt er schnell, dass man hier auch mal ein wenig witzig sein kann. Als ich also im Sozialraum eine üppige Doppelstulle mit Leberwurst esse, fragt er mich vor den Kolleginnen, ob das Zeug auf dem Brot wenigstens halbfett sei. Er genießt die kurze Stille und schiebt nach: »Nicht, dass du noch vollfett wirst.«

Ich frage den süßen Dirk, ob ich ihm die Leberwurst ins Gesicht schmieren soll. Er sagt: »Das machst du ja eh nicht!«

Die Kolleginnen wissen schon, was kommt, und treten mit einem leisen »Oh, oh« einen Schritt zurück. Ich hebe die oberste Scheibe der angebissenen Stulle ab, begutachte die draufgeschmierte Wurst und drücke sie dann beinahe zärtlich gegen die Wange des jungen Arztes. Er bleibt starr stehen, so dass ich die Wurst sorgfältig verreiben kann. Dann nicke ich Dirk zu und sage: »Doch!«

Dirk lernt schnell dazu. Wenige Wochen später fahren wir das erste Mal gegeneinander Rennen auf diesen silbernen Servierwagen mit den Rollen drunter. Ziel des Spiels ist nicht nur, auf dem Stationsflur ordentlich Tempo zu machen, sondern auch, so nah wie möglich an die Wand zu kommen, ohne sie zu berühren. Dirk gewinnt und fährt jubelnd ins Ziel, wo ihn Professor Schlingkoch in Empfang nimmt und zum Gespräch bittet.

Als Dirk zurückkommt, wirkt er verstört. Schlingkoch hätte eine längere Rede über Humor gehalten. Es gäbe guten Humor und schlechten Humor. Dann hätte er ein paar Schwänke aus seiner Jugend und Assistenzarzt-Zeit erzählt und schließlich noch Witze zum Besten gegeben. Das sei viel schlimmer gewesen als jeder Anschiss.

Gut, Witze sind Geschmackssache. Lustig finde ich die hin und wieder emotionslos dahingesagten Witze von Doktor Ahl. Zwei Beispiele seines etwas eigenwilligen Humors:

Kommt ein Pferd in die Bar. Fragt der Barkeeper: »Warum so ein langes Gesicht?«

Patient beim Psychiater: »Herr Doktor, ich kann in die Zukunft sehen!« – »Wann hat das denn angefangen?« – »Nächste Woche Donnerstag.«

Die eigentliche humoristische Qualität von Doktor Ahl liegt allerdings in seiner Fähigkeit einzustecken, ohne eine Miene zu verziehen. Als er einmal einen ZVK[66] legen muss, spielt ihm unser Spatz einen Streich. Wie üblich beim Legen von Venenkathetern steht Ahl mit Mund-Nasen-Schutz, Haube, sterilem Kittel und desinfizierten Händen unter sterilen Handschuhen am Bett des Patienten. Der Spatz betritt ebenfalls in steriler Kleidung das Zimmer und zieht an den Schnüren, die Doktor Ahls Hose halten. Beide wissen, wenn er sich jetzt die Hose wieder hochzieht, muss er sich neu anziehen. Gemütlich rutscht das Beinkleid in die Kniekehlen.

Herr Ahl tut, als wenn nichts wäre, und vollführt die Prozedur mit blanken, blassen, dünnen Oberschenkeln, aus denen sich borstige, schwarze Härchen bohren. Und er lässt sich auch dann nicht aus der Ruhe bringen, als der Spatz ein paar Kolleginnen und mich auf den fast hosenlosen Arzt aufmerksam macht und wir nacheinander vergnügt zur Tür hereinschauen und fragen, ob alles in Ordnung ist, oder ein undeutliches »Hose rutscht!« nuscheln.

Als sich Ahl einmal darüber beschwert, dass er momentan als Anästhesist in der Nähe eines Patienten bleiben muss, auf der Station aber kein Arbeitszimmer hat, richten wir ihm schnell nach besten Kräften ein Büro auf dem Stationsflur her: Eine spanische Wand schirmt das Provisorium teilweise vor neugierigen Blicken ab, ein Plastikhocker dient als Tisch, ein Pappkarton als Sitz. Auf den improvisierten Tisch legen wir einen überdimensionalen Spielzeugtaschenrechner, den die Mangaprinzessin ihrem dreijährigen Sohn entwenden konnte. Das ist zwar kein moderner Laptop, aber besser als nichts. Außerdem legen wir einen kleinen Schreibblock und einen Kugelschreiber aufs Tischchen. So hat Ahl was zum Klicken. Wäre noch Platz, würden wir noch ein hübsches Topfpflänzchen platzieren. Und wieder überrascht uns Ahl mit seiner Coolness: Seufzend setzt er sich auf den Pappkarton und geht konzentriert seine Unterlagen durch. Nach ein paar Stunden wirkt das Pseudo-Büro, als wäre es schon immer dagewesen.

Im Krankenhausalltag ergeben sich viele Möglichkeiten für kleine Albernheiten. So lassen sich Urinbecher natürlich auch mit Apfelsaft füllen, durch die Gegend tragen und plötzlich unter den Augen eines Kollegen austrinken. Die kleinen Sprühfläschchen, mit denen wir Patienten bei Bedarf den Mund anfeuchten, sind Werkzeug eines wiederkehrenden Spaßes: Man schleicht sich an eine Kollegin an, gibt ein lautes Niesgeräusch von sich und sprüht gleichzeitig etwas Wasser in den Nacken der Kollegin. Der Gesichtsausdruck der Besprühten, der sich in wenigen Sekunden zu einer Grimasse des Ekels verzieht und dann einer strahlenden Erleichterung weicht, lässt den Stress von Stunden vergessen.

Ein wichtiger Teil der Psychohygiene ist auch das Abschalten nach der Arbeit. Ich habe eine ganze Weile gebraucht, bis ich tatsächlich zu Haus auf die private Karla umschalten konnte. In meinen Ohren hallten die Krisenalarme der Monitoranlage nach, am Telefon meldete ich mich ständig mit »Schwester Karla, Intensiv« und Gerüche von vergorenen Wunden oder erbrochenem Blut verfolgten mich auch noch nach zwei Duschgängen. Oder ich begegnete beim Einkaufen einer Frau, die mich so sehr an die am selben Tag bei uns verstorbene Patientin erinnerte, dass mir ein Gurkenglas aus der Hand fiel und ich mich zurückhalten musste, ihre Vitalparameter zu überprüfen.

Nach dem Tag, an dem ich mit dem Notfallteam zu meiner ersten Reanimation lief, fand ich in der ganzen Nacht keinen Schlaf, weil ich wieder und wieder in Gedanken die Situation durchging, meine zitternden Hände vor mir sah, die es einfach nicht hinbekamen, die Spritzennadel in diese viel, viel zu winzige Ampulle mit dem lebensrettenden Suprarenin[67] zu tauchen. Das Gesicht der Patientin, dessen füllige Wangen wie wild wackelten, weil ein baumgroßer Pfleger eine Herz-Druck-Massage machte (»twinkle, twinkle, little star«). Die adrenalingepuschte, blonde Anästhesistin, die ihre Anspannung entlud, indem sie die nächstbeste Person anfauchte und für unfähig erklärte – mich.

Nach der schlaflosen Nacht schlich ich am nächsten Tag zur Arbeit mit dem festen Vorsatz, jetzt sofort meinem Chef mitzuteilen, dass ich mit einer Versetzung auf meine vorherige Station einverstanden wäre, weil ich diesem Todesterror hier einfach nicht gewachsen sei. In meinem grenzwertigen Zustand hatte ich vergessen, mir morgens einen BH anzuziehen. Schon als ich vom Auto über den Parkplatz zum Krankenhaus lief, merkte ich, dass diese kleine Vergesslichkeit sehr unangenehme Folgen hatte. Ich möchte nicht ins Detail gehen, aber Frauen, die ähnliche Erfahrungen gemacht haben, werden verstehen, warum ich im Stationszimmer versuchte, mir aus zwei Mundschützen[68] einen BH zu basteln. Klar, dass genau während dieser Bastelei ein gutgelaunter und neugieriger süßer Dirk hereinrauschte und mir interessiert zusah. Um es kurz zu machen: Der Mundschutz-BH hielt nicht richtig und war sowieso zu klein und ich musste mein Versetzungs-Wunsch-Gespräch körperlich beeinträchtigt führen.

Als ich Franz, dem damaligen Stationsleiter, gegenübersaß, wusste ich bereits, wie das Gespräch verlaufen würde. Ich wusste, was er sagen und was ich antworten würde. Und so in etwa kam es dann auch.

Franz (mit väterlicher Zärtlichkeit in der Stimme): »So geht es uns am Anfang allen. Es lohnt sich, dranzubleiben. Ich glaube, du bist hier richtig.«

Ich (wenig ausdauernd aufgrund wundgescheuerter Nippel): »Ja, irgendwie glaube ich das ja auch.«

Und es war tatsächlich gut, dass ich auf der Intensivstation blieb. Nach einigen Monaten verstummte das Echo des Alarmgehupes. Und heute fällt mir das Abschalten in der Regel leicht. Ich fahre mit meinem kleinen schwarzen Auto durch die Schranke am Parkplatz unseres Krankenhauses, die Schranke schließt sich und trennt mich von meiner Arbeit. Hin und wieder gibt es Patientenschicksale, die als Anhalter mit zu mir nach Haus fahren. Ab und an gibt es Dienste, die so auslaugend und gleichzeitig aufladend waren, dass in meinen Ohren ein fernes Martinshorn schon den nächsten Dienst dieser Art ankündigt. Aber meistens wirkt die Schranken-magie.

11 Diagnose Exitus – Was uns alle gleich macht

Ich haste mal wieder durch den Korridor, als der Klang eines brüchigen Stimmchens mein Ohr erreicht: »Könnte ich noch etwas Wasser haben?«

Ich schaue nach links. Dort steht im Türrahmen von Zimmer 3 eine etwa achtzigjährige, sehr müde aussehende Frau, die ihre grauen Locken mit einem Haarnetz in Form hält: Irmgard »Irmchen« Küpper – seit einundsechzig Jahren Ehefrau von Johannes »Hennes« Küpper, einem vierundachtzigjährigen Patienten, der im Zimmer hinter dem Türrahmen liegt.

»Kommt gleich«, sage ich und gebe mir Mühe, dass mein Lächeln im Stechschritt nicht zu professionell gerät. Nachdem ich eine schwer demenzkranke Patientin halbwegs davon überzeugt habe, dass in ihrem Zimmer kein »schwarzer Mann«, sondern ein Schrank in der Ecke steht, gehe ich mit einer Flasche Wasser zu den Küppers.

Herr Küpper wurde vor drei Tagen vom Notarzt zu uns gebracht. Er war in seinem Garten beim Rosenschneiden umgekippt. Nachdem seine Frau den Notarzt informiert hatte, wurde er zwanzig Minuten lang reanimiert und hatte dann wieder einen Herzschlag. Seitdem liegt er bei uns. Er wird beatmet und die Versuche, ihn aus dem Koma zu holen, sind bislang allesamt gescheitert. Deswegen ist er weiterhin sediert und sowohl die Laborwerte als auch das EEG zeigen, dass mit einem Erwachen eher nicht mehr zu rechnen ist.

Seit drei Tagen ist auch Frau Küpper bei uns. Die meiste Zeit sitzt sie neben dem Bett ihres Mannes. Manchmal hält sie seine Hand und redet mit ihm, manchmal strickt sie an einem Paar Socken. Wenn nicht einer von uns sie zu den Essenszeiten dazu überreden würde: Frau Küpper würde nichts zu sich nehmen. Höchstens ein paar Schlucke Tee oder Wasser, das sie in vogelhaften Schlucken aus einem Glas nippt. Wenn ich ihr ein Stück Kuchen aus der Cafeteria oder einen Salat aus der Kantine hinstelle, nickt sie und murmelt: »Muss ja.« Aber unseren Ratschlag, nach Hause zu fahren und sich ein paar Stunden aufs Ohr zu hauen, bügelt sie entschlossen ab: »Ach, isch kann doch eh nit schlafen«, sagt sie in rheinischer Mundart. »Wenn dä Hennes nich neben mir schnauft, dann fehlt was. Wat meinen Sie denn, wie oft ich den Tünnes jestubbst habe, damit der mit dä Schnarcherei aufhört.«

Letztes Jahr hatten die Küppers Diamantene Hochzeit, ein Foto auf dem Nachttisch des Patienten zeigt das Jubelpaar. In einem grünen Tweedkostüm sitzt sie auf einem thronartigen Sessel und er steht daneben in einem grauen Nadelstreifenanzug mit einer Rose in der Hand. Die beiden sehen gleichzeitig so alt aus, wie sie sind, und so jung wie bei ihrer Hochzeit vor sechzig Jahren. Immer wieder muss ich das Foto ansehen, weil ich mir diesen Effekt nicht erklären kann. Und auch, weil ich den Mann, der bei uns mit eingefallenen Wangen und geschlossenen Augen liegt, nicht mit dem Mann in Verbindung bringen kann, der auf dem Foto dem Betrachter lustig entgegenfunkelt.

Frau Küpper möchte mehr als das Wasser. Sie will mir von Hennes und sich erzählen. Sie erzählt, dass ihr Hennes in der Rosenblütenzeit jeden Tag eine Rose aus dem Garten holt und dass sie beide es mit der alten Weisheit genau nehmen, nie verzankt schlafen zu gehen. Sie spricht in der Gegenwartsform, ganz so, als lägen sie bald wieder unverzankt nebeneinander und knufften sich gegenseitig, um sich vom Schnarchen abzubringen. Sie redet so, als sei der Tod etwas, das nur die betrifft, die so dumm sind, daran zu glauben.

»Nee, wat isser stur, dä Hennes«, sagt sie. »Nie sollte isch mir Sorgen machen und jetzt hammer den Salat. Jetzt liegt er da. Jetzt kann er nix dran machen.«

Ich höre Frau Küpper dabei zu, wie sie die Vergangenheit aufleben lässt: Wie Hennes heimlich auf ein Auto gespart und sie dann damit überrascht hat – 1955. Und natürlich ist es ein VW-Käfer gewesen.

»So einer mit ovaler Rückscheibe. Und ganz grün«, erklärt sie und sieht mich prüfend an, ob ich auch weiß, was sie meint. Sie erzählt, wie Hennes dem befreundeten Fabrikchef Küche und Bad im Privathaus renoviert und installiert hat, damit der ihr dann einen Job als Schreibkraft gibt. Und wie sie jahrzehntelang jeden Abend die Tagesschau zusammen gesehen haben, mit dem Fernseher, der auf der Kommode steht, in der die Süßigkeiten sind. Und wie er versucht hat, zu verheimlichen, dass er Herztabletten nehmen muss, damit sie ihm nicht die Abendzigarre verbietet.

»So ein Geheimniskrämer, aber nie bös, nie bös. Und es ist ja doch immer alles rausgekommen«, sagt sie und drückt dabei seine Hand. Dann gähnt Frau Küpper so sehr, dass sie fast vom Stuhl rutscht. Ich fasse sie am Arm und sage, dass ich jetzt ihren Mann anders betten und seine Mundschleimhaut etwas anfeuchten möchte. Sie solle unterdessen mal etwas frische Luft schnappen und vielleicht einen Kaffee in der Cafeteria trinken. Frau Küpper schaut mich an, als hätte ich sie gerade aus einem Traum geweckt.

»Na dann«, nuschelt sie und steht auf. Ihr Blick fällt auf ihren Mann. Plötzlich wirkt sie ganz wach und präsent. Langsam beugt sie sich zu ihrem Hennes und gibt ihm einen Kuss auf die Stirn. Es ist das erste Mal in den letzten drei Tagen, dass ich Frau Küpper dabei zusehe, wie sie ihren Mann küsst.

»Bis gleich«, sagt sie. »Soll ich Ihnen ein Hörnchen mitbringen?« Herr Küpper scheint fast darauf gewartet zu haben, dass sein Irmchen die Station verlässt. Keine zwei Minuten ist sie zur Tür heraus, da macht auch er sich davon. Natürlich kann man bei uns auf der Station nicht abdanken, ohne dass bereits der Versuch sofort am Monitor erkannt und mit einem Alarmton der Schwester gepetzt wird. Aber eine Therapie-Eskalation wird es bei Herrn Küpper nicht geben. Das ist vorher vereinbart worden. Ungestört tritt er die Reise an, von der niemand weiß, ob es die letzte ist.

Als Irmchen zurückkommt, ist sie ganz ruhig. Sie schaut lange auf ihren Mann, dann sieht sie mich aus wachen Augen an: »Können Sie das begreifen? Ich kann es nicht begreifen.«

Ehrlich gesagt: Ich kann es auch nicht begreifen.

Ich habe in den letzten zehn Jahren einige Menschen sterben sehen, und ich kenne diese seltsame Stille gut, die einen Toten von einem Lebenden unterscheidet. Schon in meinem Praktikum habe ich einen Verstorbenen gesehen. Meinen ersten Sterbenden hingegen sah ich im ersten Ausbildungsjahr. Ich begleitete die Visite von Dr. Mehdorn und Schwester Marion. Im ersten Dreibettzimmer lag Herr Waldner. Er war Anfang siebzig und hatte fünfzig Jahre beim Straßenbau gearbeitet. Das war kaum zu glauben, weil er schmächtig wirkte, aber sein wettergegerbtes Gesicht und seine Unterarme, die im Vergleich zum Rest des Körpers enorm schienen, passten doch zum Berufsbild.

Herr Waldner hatte am Tag zuvor eine Bronchoskopie gehabt. Und es gab schlechte Nachrichten für ihn. Dr. Mehdorn sagte nur kurz, dass sich zumindest makroskopisch[69] ein sehr ernster Befund ausmachen ließ. Herrn Waldners Atemnot rührte nicht von einer Lungenentzündung und auch nicht von einer chronisch obstruktiven Lungenerkrankung.

»Ist Krebs, ne?«, stellte Herr Waldner fragend fest.

»Herr Waldner, ich komme gleich noch mal zu Ihnen und dann reden wir in Ruhe, ja?«, antwortete Dr. Mehdorn.

Als die Visite aus dem Zimmer heraus war, sagte uns Dr. Mehdorn, der Befund von Herrn Waldner sei sehr schlecht, die Prognose eher desaströs. Er erklärte mir in kurzen Worten, dass es noch einige Möglichkeiten gäbe, z. B. einen Stent[70] in seine tiefen Atemwege einzusetzen, damit der Tumor, der dort wuchs, nicht in einer Woche alle Atemwege zuwucherte. Oder, je nachdem, ob es ein kleinzelliger Tumor wäre, den zumindest für einige Monate durch Chemotherapien einzuschmelzen.

Zehn Minuten später, wir waren noch auf dem Visiten-Rundgang, leuchtete am Patientenzimmer, in dem Herr Waldner lag, ein rotes Licht auf. Ein Patient hatte den Rufknopf gedrückt. Ich ging ins Zimmer und fand Herrn Waldner sehr grau, seine Augen glasig verhangen, sein Atmen war nur ein brodelndes, abgehacktes Geräusch und seine sich schnell aufpustenden und wieder in sich zusammenfallenden Wangen seine einzige Bewegung.

Ich drückte den Alarmknopf und innerhalb von Sekunden war Marion da. Sie wählte die Kurznummer für das Notfallteam, sagte mir, ich solle einen Sichtschutz zu den anderen Patienten aufbauen, und holte selbst einen Beatmungsbeutel und versuchte, Herrn Waldner Luft bis tief in die Lunge zu drücken.

Dann kam das Notfallteam. Es bestand aus vier Personen, die mit einem roten Rucksack und einem tragbaren EKG-Gerät angerannt kamen. Dazu noch Dr. Mehdorn, der auch ins Zimmer stürmte. Die Szene wirkte wie eine ambitioniert gedrehte Action-

Sequenz aus einer deutschen Vorabendserie: Im Prinzip dramatisch, aber auch seltsam alltäglich und unspektakulär.

Ich stand an der Wand, gegenüber von Herrn Waldners Bett.
Trotz all der Leute, die um ihn herum und an ihm arbeiteten, sich
laut und sachlich Medikamentennamen zuriefen, diese aufzogen
und anreichten, sah ich sein Gesicht. Es wurde immer weniger
Herr Waldner. Seine Augen verloren ihr Blau und verschwanden
hinter einem milchigen Schleier. Drei Ärzte und drei Pflegekräfte
taten alles, um Herrn Waldner zu retten, pressten abwechselnd
mit aller Kraft auf seinen Brustkorb, aber er starb.

Ich weiß, dass wir alle sterben müssen. Es ist ein simples Naturge-
setz: Was geboren wird, stirbt auch. Spätestens in diesem Punkt
sind wir alle gleich. Aber es gibt einen Teil in mir, der das nicht
fassen kann. Selbst wenn sich eine Liebe zwischen zwei Menschen
so wünschenswert entwickelt wie zwischen Irmchen und Hennes: Am Ende tritt einer ab. Oder beide. Oft gibt es vorher viel
mehr Elend als bei den Küppers: jahrelanges Siechtum, Demenz,
Persönlichkeitsveränderung oder eine schleichende Lieblosigkeit,
die den Zurückbleibenden den Tod des Partners eher als Erleichterung erleben lässt. Was ist schlimmer: einen geliebten Menschen
zu verlieren, oder ihn nie geliebt zu haben? Das erscheint wie
die Wahl zwischen zwei verschiedenen Arten von Schmerz. Und
wenn es so etwas gibt wie ein Leben nach dem Tod – als Engel,
als Nirwana-Bewohner, als wiedergeborener Fallmanager beim
Jobcenter oder was weiß ich –, ist das dann wirklich noch die Person, über die man sich so gefreut und aufgeregt hat? Sitzt wirklich
ein sturer Geheimniskrämer mit Abendzigarre im Himmel und
wartet auf sein Irmchen? Wohl eher nicht. Ein Hennes wäre nicht
für die Ewigkeit gemacht. Wir alle würden uns in einer völlig har-

monischen Ewigkeit schneller langweilen als ein Panther im Käfig. Und wir würden uns mindestens so fehl am Platze fühlen wie er.

Man muss kein Physik-Genie sein, um darauf zu kommen, dass die Welt ohne das Sterben bald ziemlich voll mit anstrengenden Lebewesen wäre. Man muss auch nicht Philosophie studiert haben, um sich auszumalen, dass ohne den Tod vieles gleichgültig würde. Die Geschichten unserer Leben sind nur erzählenswert, weil sie einen Anfang und ein Ende haben. Wenn dieses Ende nach einem langen, sogenannten erfüllten Dasein kommt, halten wir das für natürlich und irgendwie vertretbar und die Geschichte für rund. Unerträglich wird es, wenn Menschen sterben, die scheinbar noch so viel vor sich gehabt hätten.

Ein sehr sonniger Mai im Jahr 2009: Matthias ist achtzehn Jahre alt. Seit einigen Jahren leidet er an einer Krankheit, die das Muskelsystem erschlaffen lässt; und zwar nicht nur die Muskulatur, die man willkürlich bewegt, sondern auch die Muskulatur, die Tag und Nacht ihre Arbeit verrichtet, ohne dass wir einen Gedanken daran verschwenden. Seine dunkelbraunen Haare stehen wild und widerspenstig vom Kopf ab, während seine dichten, langen Wimpern zart und geordnet um die grünen Augen stehen.

Matthias sieht nicht krank aus. Auf einem Foto, das ihn mit einem schokoladenfarbenen Labrador zeigt, sieht man einen fidelen Jungen mit Baseball-Käppi in einem T-Shirt von Machine Head. Selbstgewiss grinsend macht er den internationalen Hörnchengruß der Schwermetaller. Dass Matthias aber doch krank ist, sieht man, sobald er sich bewegt. Zum Beispiel wenn er versucht, sich die Ohrstöpsel seines MP3-Players einzusetzen, oder wenn er aus einem Glas trinkt, das absichtlich nur zu einem Drittel gefüllt wurde, damit er es überhaupt halten kann. Seine Bewegungen wirken so, als wäre er zu Tode erschöpft. Jede Geste bedeutet für ihn einen ungeheuren Willens- und Kraftakt. Der Alltag ist für ihn Hochleistungssport.

Weil seine Muskelkraft nicht mehr ausreicht, um effektiv den Erkältungsrotz herauszuhusten und so tief Luft zu holen, dass seine Lunge mal ordentlich durchgelüftet wird, hat er sich eine schwerwiegende Lungenentzündung zugezogen. Alle wissen, dass die Situation ernst ist, denn statistisch gesehen sind bei seinem Krankheitsbild Lungenentzündungen die Todesursache Nummer eins. Alle Beteiligten geben ihr Bestes: Wir unterstützen Matthias mit stündlichem, druckluftverstärktem Atemtraining, mit Lagerungstechniken, die den Abtransport des Sekrets aus der Lunge erleichtern sollen, mit Medikamenten und Inhalationen. Matthias lässt alle Anwendungen tapfer über sich ergehen, hilft so gut mit, wie er kann, und verbreitet eine erstaunlich entspannte Atmosphäre. Nur manchmal schleichen sich Schatten unter seine Augen, die ihn sehr alt, ernst und traurig aussehen lassen.

Seine Eltern geben sich Mühe, ihm gegenüber nicht übermäßig beschützend und besorgt zu wirken. Sie führen mit ihrem Sohn Gespräche, wie sie kaum normaler wirken könnten: Kann er die Abiturprüfungen, die bald anstehen, nachholen oder muss Matthias eine Ehrenrunde drehen? Welchen Schuh hat der Hund zerkaut, und kann sich der Vater merken, wie die Band und das neue Album heißt, das er seinem Sohn am Nachmittag in der Stadt besorgen soll? Seine zwei Jahre ältere Schwester fragt ihn manchmal, ob er sich wenigstens halbwegs benommen hat oder uns allen hier auf den Nerven rumtanzt, so wie sie das von zu Hause kennt. Ein Versuch, ihm das Gefühl zu geben, ein normaler Junge zu sein, den man nicht schonen und bemitleiden muss. Und obwohl sich alle Mühe geben und tun, was in ihrer Macht steht: Die Situation wird nicht besser, sondern schlechter.

Matthias will nicht beatmet werden. Und das aus gutem Grund: Wenn erst einmal ein Beatmungsgerät das Atmen für ihn übernimmt, dann wird sich seine Atemmuskulatur noch schneller und vielleicht ganz abbauen. Wir verzichten also so lange darauf, wie es möglich ist. Und dann geschieht das, was manche von uns bereits befürchtet haben: Als Matthias keine Luft mehr bekommt, stellt sich heraus, dass die Intubation über Mund und Luftröhre nicht möglich ist. Wir versuchen es mit einer Maskenbeatmung, aber auch damit kommt nicht genug von dem dringend benötigten Sauerstoff in die kranke Lunge. Schließlich ordert der Oberarzt eine sofortige Not-Tracheotomie[71] an. Wie auf Autopilot reiche ich gefordertes Material an und wechsele mich mit den anderen bei der Herz-Druck-Massage ab. Blass und vollgepumpt mit Sedativa liegt Matthias da. Seine Lippen haben bereits einen Blauton. Ich presse auf seinen Brustkorb: »I'm on a highway to hell ... highway to hell.«

Noch gestern hat mir Matthias erzählt, dass er nicht an einen Himmel oder eine Hölle glaubt. Aber er fände es trotzdem cool, wenn er nach dem Tod irgendwo weiterleben könnte. Vielleicht wäre er dann ganz gesund und könnte E-Gitarre spielen und seine Freunde wiedertreffen und mit ihnen ein Lagerfeuer machen. Sein Hund wäre natürlich auch dabei. Und vielleicht hätte er dann dort »auf der anderen Seite« auch endlich eine Freundin. Mit der würde er dann nach Australien reisen. Dann hat er mit den Augen gelächelt wie ein sehr alter Mann und gesagt: »Na ja, also wenn es da drüben dann auch Australien gibt.«

Jetzt stirbt er, und keiner kann etwas dagegen tun. Der Hektik unserer Notmaßnahmen folgt eine gespenstische Stille im Raum. Zwei von uns wursteln noch sinnlos an den Apparaten herum, der Rest steht einfach da. Keiner sieht dem anderen in die Augen.

Ich trete nach draußen auf den Flur. Dort stehen die Eltern.

Wir mussten sie rausschicken, als die Situation dramatisch wurde. Offenbar hat der Oberarzt das Schwierigste bereits durchgeführt: Er hat ihnen die Nachricht vom Tod ihres Kindes überbracht. Die Mutter sitzt zusammengesackt auf einem Stuhl, als hätte ihr gerade jemand in den Magen geschlagen. Aus dem Vater bricht ein Schrei, wie ich ihn noch nie gehört habe. Und ich komme mir herzlos und stumpf vor, weil ich in diesem Moment nicht das Geringste fühlen kann.

Es gibt auch ein Sterben, das sich friedlich, erwartet und undramatisch ereignet. Und wie es mit friedlichen, undramatischen Situationen so ist: Wir vergessen sie schnell. Gerade deshalb möchte ich vom Tod von Herrn Pausewang erzählen: Herr Pausewang ist vierundachtzig und schläft. Seine Schwiegertochter kämmt ihm seine weißen Haare von links nach rechts über die Glatze und sagt: »Ich mach das nur, weil ich weiß, dass du das gern so trägst. Du weißt, dass ich das albern finde.«

Frau Pausewang versucht unterdessen, eine widerspenstige Orange zu schälen. Die Schale klammert sich mit aller Kraft an der Frucht fest. Rund um das Bett sitzen noch zwei Enkelkinder und der Sohn von Herrn Pausewang, der exakt wie eine dreißig Jahre jüngere Version seines Vaters aussieht. Er erzählt Anekdoten, zum Beispiel, wie sein Vater ihm geholfen hat, den Maibaum seines damaligen Konkurrenten verschwinden zu lassen und seinen eigenen vor dem Haus seiner Zukünftigen zu platzieren. Die Enkelsöhne, die auch längst erwachsen sind, unterbrechen die Geschichten mit Wortspielen und eigenen Anekdoten.

Immer wieder höre ich lebhaftes Gelächter aus dem Zimmer. Es hat den Anschein, als ob ein friedliches Familientreffen, bei dem alle zusammenhalten, den Tod besiegen könnte. Aber vermutlich ist es eher so, dass Frieden und Zusammenhalt dabei helfen, sogar dem Tod seinen Platz im Leben zu lassen.

Am späten Nachmittag, als die Wintersonne schon untergegangen ist, stirbt Herr Pausewang. Der drängende Alarmton passt nicht im Geringsten zu der Situation. Frau Pausewang hat sich zu ihrem Mann auf die Bettkante gesetzt, den rechten Arm tröstend um die Hüfte ihres neben ihr stehenden Sohnes gelegt und streichelt mit der linken Hand das Gesicht ihres verstorbenen Mannes. Die Schwiegertochter schaut aus dem Fenster und schnäuzt sich die Nase und die beiden Enkel halten sich an den Händen und sehen einfach traurig aus. Als ich den Raum betrete, werde ich sofort in die ruhige Atmosphäre hineingesogen. Fast flüsternd frage ich, ob die Familie vielleicht kurz draußen warten möchte, während ich mit einem Kollegen Herrn Pausewang von den Überwachungskabeln befreie. Als ich die Familie nach zehn Minuten wieder ins Zimmer bitte, finden sie Herrn Pausewang mit friedlichem Gesichtsausdruck, die Hände auf dem Bauch gefaltet. Seine Frau legt ihm noch einen abgegriffenen Rosenkranz zwischen die Finger und ich schließe leise die Tür hinter mir.

Dass wir uns des Todes bewusst sind, unterscheidet uns angeblich von den Tieren. Ich kann das nicht nachprüfen, weil ich in die Hirne von Dachsen, Lurchen und Sumpfottern nicht reinschauen kann. Keine Ahnung, ob das liebe Vieh nur deshalb keine Dome baut und keine Romane schreibt, weil ihm dazu die Hände fehlen, oder ob es sich nicht für Kultur interessiert, weil es nichts von der eigenen Sterblichkeit ahnt. Wer weiß: Vielleicht gäbe es bei ausreichendem Todesbewusstsein auch bei Tieren ein *Deutschland sucht den Superstar*.

Allerdings habe ich den Eindruck, dass auch wir Menschen uns in der Regel unserer Sterblichkeit nicht bewusst sind, sondern dieses Faktum ganz erfolgreich verdrängen können. Wenn uns so richtig klar wird, dass wir sterben müssen, dann macht das in der Regel etwas mit uns.

Ich sehe Frau Krüger noch genau vor mir: Gut gelaunt sitzt sie im Bett und bestreicht eine Brötchenhälfte dick mit Butter, Quark und Marmelade. Dann schaut sie das Ergebnis zufrieden aus ihren klaren, dunkelblauen Augen an und legt es erst einmal zur Seite, für den Fall, dass doch irgendwann einmal der Appetit kommt. Der könnte allerdings auf sich warten lassen, denn das Morphin in ihrem Körper erzeugt ein Sättigungsgefühl. Frau Krüger ist schlank, hübsch, zweiundvierzig Jahre alt. Ihre Lunge ist mit Metastasen durchsetzt. Sie wird nur noch wenige Tage leben. Ihrem Gesicht unter der Kurzhaarfrisur sieht man an, dass sie heftige Kämpfe mit der Krankheit und mit sich ausgefochten hat. Man sieht Frau Krüger auch an, dass sie alle Kämpfe aufgegeben und dadurch gewonnen hat. Der Dalai-Lama würde gegen sie wie ein unausgeglichener Unruhegeist wirken.

Frau Krügers Augen leuchten, als ihr Freund ins Zimmer kommt und sich zu ihr ans Bett setzt. Neben seiner zarten Freundin wirkt der große, breite Mann mit seinem Vollbart besonders bärig. Er streicht ihr über den Kopf, dann küsst er sie auf den Mund. Ich weiß, dass es unverschämt neugierig wirken könnte, aber ich kann nicht sofort aus dem Zimmer gehen. Ich muss die beiden ansehen.

Frau Krüger bemerkt nach einer Weile, dass ich dastehe und gebannt zu ihnen herüberschaue. Sie lächelt mich ganz lieb und offen an und ich kann nicht anders und lächle zurück.

Die beiden besprechen ihre Hochzeit. Seit Tagen reden sie ausführlich über den großen Tag – mal nüchtern wie zwei Projektmanager, mal fröhlich wie zwei frisch verliebte Teenager. Im Wintergarten bei sich zu Hause, zwischen Palmen und Kakteen wollen sie sich in kleinster Runde das Jawort geben: ein guter Freund als Trauzeuge, eine gute Freundin als Trauzeugin, die Eltern und Geschwister, ein Standesbeamter. Frau Krüger hat sich per Katalog ein schickes Kleid ausgesucht und es neulich in meinem Beisein anprobiert. Das blaue Sommerkleid entspricht nicht gerade einem klassischen Brautkleid, aber das, was die zwei da planen, wird wohl auch keine klassische Hochzeitsfeier werden.

Am nächsten Tag ist es so weit: Mit dem zuständigen Chefarzt ist besprochen worden, dass die Patientin für drei bis vier Stunden heimfahren wird und danach wiederkommt, um ein Zimmer auf der Palliativ-Station zu beziehen. Der Krankentransport ist schon bestellt und Frau Krüger fragt mich mit hell leuchtenden Augen, ob wir nicht auch einen mit Blumenschmuck auf der Motorhaube hätten. Ich wiege nachdenklich den Kopf und sage, dass wir zumindest ein paar Coladosen an der hinteren Stoßstange festbinden könnten.

Ihr Freund fährt los, um dem Wintergarten noch den letzten Schliff zu verpassen. Nicht, dass noch irgendeine Kaktee im Weg herumsteht oder eine Palme die Wedel hängen lässt. Ich gehe zu einem anderen Patienten. Gerade, als ich die Dosierung seines intravenös verabreichten Medikaments erhöhe, empfange ich ein Alarmsignal über die Monitoranlage. Eine Elektrode bei Frau Krüger hat sich gelöst. Als ich an ihrem Bett ankomme, steht schon die herbe Elena bei ihr. Frau Krüger hat sich an etwas Saft verschluckt. Für Gesunde ist so etwas harmlos. Für Menschen, deren Lunge völlig im Eimer ist, kann ein schlichter Hustenreiz zu viel sein. Frau Krügers angegriffenes Bronchialsystem kollabiert.

Wir rufen Verstärkung und versuchen, das Material abzusaugen, das vermutlich die Atemwege der Patientin blockiert. Wir geben Frau Krüger Tavor und Morphin zur Beruhigung und zur Linderung der Atemnot. Invasivere Maßnahmen hat sie vorher ausdrücklich abgelehnt. Jemand ruft ihren Freund an, der gerade mit seinem Auto den Krankenhaus-Parkplatz verlässt. Wenige Minuten später ist er wieder an ihrer Seite und hält ihre Hand, bis sich ihre Atmung etwas beruhigt. Seine Tränen tropfen auf ihre ineinander verschlungenen Hände und auf das orange-rot geringelte Nicki-Sweatshirt seiner Freundin. Sie trägt es auf ihren ausdrücklichen Wunsch anstelle des üblichen OP-Hemdes. Ich frage, ob ich irgendetwas tun kann. Der bärtige Mann schaut mich an wie jemand, der gerade aus einem Traum erwacht ist. »Ja«, sagt er dann ganz ruhig. »Könnten Sie so schnell wie möglich einen Standesbeamten hierherholen? Unserer ist zu weit weg, das könnte knapp werden.«

Bevor ich weiß, was ich da tue, nicke ich. Einen Standesbeamten so schnell wie möglich auf unsere Intensivstation holen – ich habe als Krankenschwester schon einige Sachen gemacht, aber das ist neu im Programm. Ich besorge mir bei der Auskunft die Nummer und lasse mich mit dem nächstliegenden Standesamt verbinden. Die Frau am anderen Ende der Funkverbindung klingt verwirrt bis fassungslos, als ich ihr die Situation schildere. Ich kann es ihr nicht verübeln, muss aber trotzdem etwas drängen, als sie anfängt, mir umständlich die rechtlichen Aspekte und die daraus entstehenden Schwierigkeiten zu erläutern. Möglicherweise geht es um Minuten. Das Zitieren von Paragraphen müssen wir auf ein anderes Mal verschieben.

»Okay, verstanden. In fünf Minuten rufe ich zurück und gebe Ihnen Bescheid, ob ich kommen kann«, versichert sie mir und wir beenden das Gespräch. Ich sage den beiden, was Sache ist. Sie nicken und flüstern kurz miteinander. Dabei merke ich, wie ich ganz zittrig werde.

Was dann passiert, kommt mir vor wie aus dem Drehbuch einer schlechten Krankenhausserie: Nur acht Minuten später klingelt es an der Tür der Intensivstation. Elena, die zwischendurch hektisch mit dem Kopf schüttelt und wiederholt »Oijoijoi, das ich nicht fasse« vor sich hin sagt, drückt den Öffner und lässt einen rundlichen Mann in hellbraunem Anzug herein. Nach Luft japsend erklärt er uns, dass er der Standesbeamte sei. Er könne direkt loslegen. Das sind tatsächlich seine Worte: »loslegen«. Ich suche nach dem richtigen Ausdruck, um zu erklären, was gerade eben geschehen ist, kann jedoch nichts sagen, da es mir die Sprache verschlagen hat. Aber mein Gesichtsausdruck und meine geröteten Augen reichen aus.

»Scheiße.« Der Standesbeamte hat bloß geflüstert, trotzdem klingt das eine Wort unglaublich laut. Ich danke ihm, dass er so schnell gekommen ist, und er zuckt traurig mit seinen Schultern und verlässt die Station wieder.

Wortlos gehe ich zurück in das Zimmer von Frau Krüger. Dort stehe ich vor einem sonderbaren Stillleben: Eine seltsam jung aussehende Frau liegt mit geschlossenen Augen reglos im Bett. Daneben sitzt ein fast durchsichtig aussehender Mann, eine Hand auf den Bauch der Frau gelegt.

Später zeigt mir Frau Krügers Freund seine rechte Hand: »Sehen Sie? Die Ringe haben wir noch getauscht. Das zählt dann doch. Und wir haben laut ›Ja‹ zueinander gesagt. Das ist doch das Wichtigste.«

Anmerkungen

1   Anus praeter ist die Kurzform für Anus praenaturalis und bezeichnet einen künstlichen Darmausgang durch die chirurgisch geöffnete Bauchwand.

2   Die Krankenpflegekurve ist das Dokumentationswerkzeug der Pflege: Fieberkurve, Medikamentenplan, Pflegeberichte usw.

3   Ja, das heißt tatsächlich so.

4   Ein Beatmungsbeutel, an dem sich vorne eine Maske befindet, die Mund und Nase umschließt.

5   Infusionspumpen, deren Laufrate auf bis zu 0,01 ml/h einprogrammiert werden kann. So erfolgt die Verabreichung von Medikamenten sehr kontrolliert.

6   Der Beatmungsschlauch, der in die Luftröhre des Patienten geschoben wird. Der Cuff, ein Ballon am unteren Ende des Tubus, verschließt Luftröhre und Lunge vor herumschwappender Magenflüssigkeit. Um ihn anzubringen, muss der Patient narkotisiert und beatmet werden.

7   Nein, hier gibt es keine Getränke, es handelt sich um eine Ablage- und Arbeitsfläche, unter der sich in Schränken z. B. Wäsche und Material für Blutentnahmen befinden.

8   Gerät zur Druckmessung und in diesem Fall auch Druckregulierung. Hat nichts mit einer Unmutsbekundung von Kindern zu tun.

9   Infusionspumpen, mit denen man die Infusionszeit und -menge festlegt.

10   Blutung im oberen Teil des Verdauungstraktes.

11   Ein Mensch wird schutzintubiert, wenn keine ausreichenden Schutzreflexe mehr vorhanden sind (z. B. Husten, Schlucken) oder bald damit zu rechnen ist.

12   Schwarz gefärbter Stuhl. Ursache ist in der Regel eine Blutung im oberen Verdauungstrakt.

13   Wen's interessiert: einen Liter Sterofundin, ein Antiemetikum, Propofol, Sufenta, Rocuronium und zur Sicherheit auch gleich eine Ampulle Akrinor.

14   Ein rot beleuchteter Plastik-Clip, der z. B. an Finger oder Ohr angesteckt wird, um die ungefähre Sauerstoffsättigung im Blut zu ermitteln.

15   Name geändert.

16   Na ja, Aspirin, ich wollte nur angeben.

17   Gerät auf Rädern mit großer Sauerstoff-Flasche und Beatmungssystem ausgestattet, mit dem man Narkosen einleiten und Patienten erst einmal von Hand, also nicht maschinell beatmen kann.

18 Spezielle Intubationsform, die u. a. bei Patienten angewandt wird, deren Magen nicht leer ist und bei denen deshalb eine größere Gefahr besteht, dass ätzender Mageninhalt in die Lunge läuft.

19 Larynx = Kehlkopf. Hier wird die Luftröhre gegen das, was die Speiseröhre herunter- oder heraufrutscht, verschlossen. Mit dem mit Licht ausgestatteten Laryngoskop kann man sich dort umschauen.

20 Maßeinheit zur Blutdruckmessung: Millimeter-Quecksilbersäule.

21 Erythrozyten-Konzentrate, in Vorabendserien auch gerne »Blutkonserven« genannt.

22 Fahrbare, mannshohe Gerätschaft zur videoüberwachten Magenspiegelung. Hat nichts mit Gastronomie zu tun.

23 Eine Misch-Intoxikation ist eine Vergiftung mit verschiedenen Substanzen, z. B. Alkohol und Heroin.

24 Die krankheitsbedingte Unfähigkeit, die vom Körper benötigte Blutmenge ohne Druckanstieg in die Vorhöfe des Herzens zu befördern.

25 Eine Gewebeschwellung aufgrund von Flüssigkeitseinlagerung. Im Volksmund auch »Wassersucht« genannt.

26 Wirkstoff, der eine Ausschwemmung von Flüssigkeit aus dem Körper durch die Niere bewirkt.

27 Stoffe, die in wässriger Lösung elektrischen Strom leiten können. Wichtige Elektrolyte im menschlichen Körper sind z. B. Natrium, Magnesium und Kalzium.

28 Im Aqua-Behälter wird Sauerstoff angefeuchtet, bevor er per Sauerstoffbrille dem Patienten zugeführt wird.

29 Im medizinischen Jargon bezeichnet man den Einsatz bestimmter Chemietherapeutika gegen Infektionskrankheiten als Antibiose.

30 Ein Wirkstoff hebt die Wirkung eines anderen auf.

31 Heparine sind Vielfachzucker, die die Blutgerinnung hemmen. Sie werden bei Bedarf mit einer Spritzenpumpe (Perfusor) verabreicht.

32 Ein schmerzstillender, entzündungshemmender, fiebersenkender Wirkstoff.

33 Die Spiegelung der Bronchien. Dazu wird ein Endoskop (Gerät, um innere Vorgänge zu beobachten) über Mund oder Nase eingeführt und durch die Speiseröhre in die Bronchien geschoben.

34 Die Computertomographie – kurz CT – ist ein bildgebendes Verfahren in der Radiologie. Im Gegensatz zu herkömmlichen Röntgenaufnahmen sind überlagerungsfreie Darstellungen von Körperstrukturen möglich.

35 Magenspiegelung.

36 Gut, diesen Schauspieler kennt vermutlich nicht jeder. Aber dank Internet kann man sich ja schnell ein Bild machen.

37 Als ob der Rest der Station asoziale Zone wäre!

38 Warum es das Drei-Schichten-System in deutschen Krankenhäusern überhaupt gibt? Weil es nicht genug Leute für den sozial sperrigen Nachtdienst

gäbe. Und weil es für den Arbeitgeber so leichter ist, Ersatz bei Dienstausfällen zu finden.

39 Heutzutage spricht man lieber von »Fit for Fun«.

40 Ein anderes Wort dafür ist »Bettpfanne«.

41 Raum, in dem Reinigung, Desinfektion und Sterilisation von Medizinprodukten und Operationsbesteck durchgeführt wird.

42 Der CDU-Politiker Philipp Mißfelder brachte sich ins Gespräch, indem er auf der einen Seite ein Renteneintrittsalter von siebzig Jahren für wünschenswert hielt, andererseits meinte: »Ich halte nichts davon, wenn Fünfundachtzigjährige noch künstliche Hüftgelenke auf Kosten der Solidargemeinschaft bekommen.«

43 Das krankheitsbedingte Absterben von Zellen.

44 Ein Sekret absondern.

45 Im *Tatort* hieße es »Tranquilizer«.

46 Ein vollsynthetisch hergestelltes Opioid, das in der ambulanten Heroinsubstitution Verwendung findet.

47 Ein Medikament mit dem Wirkstoff Clomethiazol, das unter anderem gegen die Auswirkungen von Alkoholentzug angewendet wird. Distra ist die Kurzform des deutschen Handelsnamens Distraneurin.

48 Unter dem Handelsnamen Dormicum wird der Wirkstoff Midazolam vertrieben. Es handelt sich dabei um ein besonders potentes Sedativum, also Beruhigungsmittel.

49 Verschiedene Symptome, wie z. B. Zittern und Halluzinationen, wie sie bei Alkoholkranken beim Entzug auftreten können.

50 Siehe *Ghostbusters*.

51 Der Standardeingriff zur kurativen Therapie eines Pankreaskarzinoms im Kopfbereich des Pankreas, also der Bauchspeicheldrüse.

52 Es gibt tatsächlich ein Experiment namens »Gorillas in unserer Mitte«, in dem die US-Amerikaner Daniel Simons und Christopher Chabris die menschliche »Unaufmerksamkeitsblindheit« mit Hilfe eines Herrn im Gorillakostüm studierten.

53 Verlangsamung des Herzschlags unter sechzig Schläge in der Minute.

54 In der arabischen Mythologie entweder ein ungläubiger, böser Geist (Djinn) oder der Teufel höchstpersönlich.

55 Die Stadt liegt in der Ukraine und heißt heute Jelysawetiwka.

56 Drittes Buch Mose, 11, 5–7.

57 Rote Blutkörperchen, die häufigsten Zellen im Blut, die vor allem dem Transport von Sauerstoff dienen.

58 Ein schweres Kreislauf- und Organversagen ausgelöst durch Bakterientoxine. Es existiert auch der Begriff Tamponkrankheit, weil die lebensgefährliche Bakterieninfektion früher auch auf die Verwendung von Tampons zurückgeführt wurde.

59 Umgangssprachlich Blutvergiftung.

60 Methicillin ist ein Antibiotikum. Oft sind MRSA-Bakterien auch gegen andere Antibiotika resistent, also multiresistent.

61 Elektrolyte. Das, was Sie brauchen, wenn Sie zu wenig (Wasser) oder zu viel (Alkohol) getrunken haben.

62 Auch wenn man die meisten Ärztinnen und Ärzte heutzutage Antibiotika insgesamt seltener einsetzen als in vergangenen Jahrzehnten.

63 Eine Infektion im Mund- und Rachenraum mit bestimmten Hefepilzen, in der Regel mit Candida albicans.

64 Ein Wirkstoff, der die Wirkung des körpereigenen Botenstoffes Histamin abschwächt oder aufhebt. Und eine Flutung mit Histamin ist eben das Hauptproblem bei schweren allergischen Reaktionen.

65 Apropos »Faxen, die den Tag versüßen«: Sprechen Sie dieses Wort beim nächsten Kneipenabend doch mal reihum so schnell wie möglich aus.

66 Zentraler Venenkatheter: Ein dünner Kunststoffschlauch, der über eine Vene der oberen Körperhälfte in das Venensystem eingeführt wird und in der oberen oder unteren Hohlvene vor dem rechten Vorhof des Herzens endet.

67 Der Handelsname eines Medikaments mit dem Wirkstoff Adrenalin.

68 Ich habe keine Ahnung, wie der Plural von Mundschutz lautet!

69 Nur mit dem Auge betrachtet, nicht mikroskopisch.

70 Medizinisches Implantat, um z. B. Venen oder Bronchien offen zu halten.

71 Umgangssprachlich: Luftröhrenschnitt.